ざんねんな名言集

真山知幸

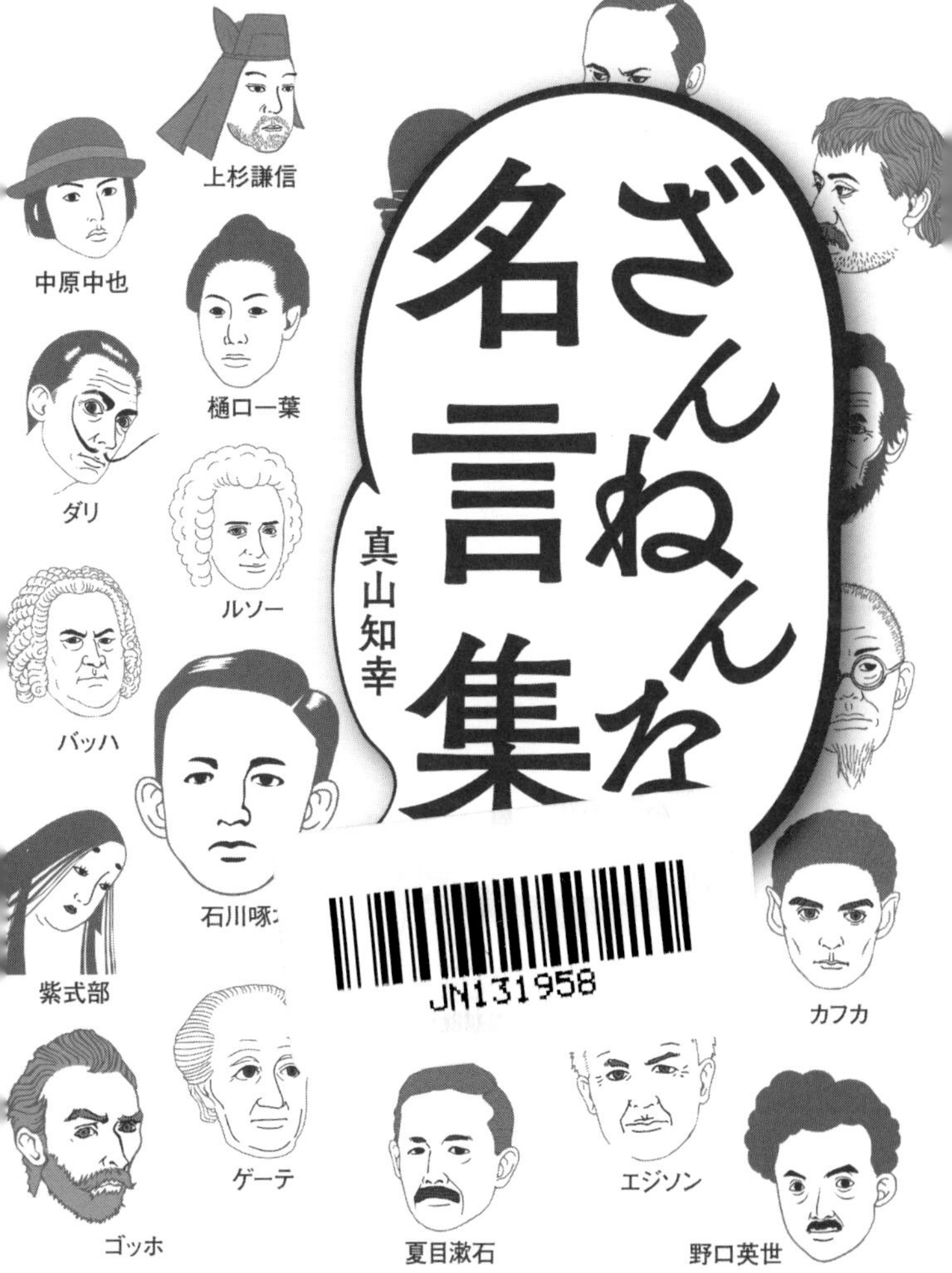

彩図社

まえがき

新たな科学技術を開発して人類の発展に寄与した発明家や科学者、時代を超えて人の心を打つ絵画あるいは著作を残した画家や作家……などなど、「偉人」と呼ばれる人たちがいる。

偉人といえば、偉人伝として、その生き方が後世に伝えられるような「立派な人」というイメージが強いが、人間的には欠点が多く、社会人として、あるいは、家庭人としては、むしろ「失格」の烙印《らくいん》を押されるようなぶっ飛んだ人が、実のところは多い。

大きな長所からは、大きな短所が生まれる――。

偉人伝には決してとりあげられない、偉人たちの実像を知れば、そのことがよく分かるはずだ。

本書では、そんな憎めない偉人たちの「名言」を数多く収録した。

……といっても、ただの「名言」ではない。偉人たちのどうしようもない部分、人間的に脆《もろ》い部分が前面に打ち出された、あまりにも「ざんねん」な言葉たちばかりを集めた。

名言集といえば、明るく前向きになる言葉や、逆境に立ち向かう勇気をくれる言葉を集めたものがほとんどだが、この名言集には、そういった前向きな言葉や励ます言葉は、一切出てこない。

本書で取り上げたのは、人間関係への不満や仕事の愚痴、うまくいかない恋愛への怒り、理想とは違う結婚生活への失望の言葉、さらには、避けることのできない病気や死への不安……そして、人生そのものへの絶望に満ちた言葉など、ネガティブなものばかりである。

もし、あなたが、希望や勇気に満ちた名言が読みたくて、本書を手にしたならば、今すぐ本棚に戻すべきである。

だが、もし、今の自分の状況に何かしらの不満を抱いていたり、言いようもない将来への不安があったり、日々の報われない努力に嘆きたくなっているのならば、本書ほどあなたの心に染みる名言集はないだろう。

偉人と呼ばれる人たちすらも、これだけの不安や失望のなかを生きていた。それでもなお、人生を投げなかった結果として、彼らの彼女らの輝かしい業績がある。きれいな言葉だけでは歩んでこられなかった不器用な人生を送った者だけが、たどり着ける場所があるのだ。そんな思いを込めて、本書を編んだ。

かのシェイクスピアは、こう言う。

「他人もまた同じ悲しみに悩んでいると思えば、心の傷はいやされなくても、気は楽になる」

人生に失望しそうなときは、本書がきっとあなたに寄り添ってくれることだろう。

ざんねんな名言集

【目次】

まえがき ― 2

1 ざんねんな名言集―人間関係編―

▼小林一茶（俳人） ― 16
▼アンデルセン（作家） ― 18
▼モーツァルト（作曲家） ― 20
▼アインシュタイン（物理学者） ― 22
▼ピカソ（画家） ― 24
▼カフカ（作家） ― 26
▼江戸川乱歩（作家） ― 28
▼チャーチル（英国首相） ― 30

▼バルザック（作家）　32
▼チャップリン（俳優・映画監督）　34
▼高杉晋作（武士）　36
▼トルストイ（作家）　38
▼ベル（発明家）　40
▼平賀源内（発明家）　42
▼西郷隆盛（政治家・軍人）　44
▼紫式部（作家・女官）　46

2 ざんねんな名言集―仕事編―

▼エジソン（発明家）　50

▼ゴッホ（画家） 52
▼ヘミングウェイ（作家） 54
▼二宮尊徳（農政家） 56
▼ファーブル（昆虫学者） 58
▼ミケランジェロ（彫刻家） 60
▼ゲーテ（作家） 62
▼カエサル（政治家） 64
▼アンティステネス（哲学者） 66
▼上杉謙信（戦国武将） 68
▼徳川慶喜（将軍） 70
▼大久保利通（政治家） 72
▼手塚治虫（漫画家） 74

▼マーク・トウェイン（作家） 76
▼中原中也（詩人） 78

3 ざんねんな名言集―恋愛・家庭編―

▼ルソー（哲学者） 82
▼カフカ（作家） 84
▼メンケン（批評家） 86
▼パスカル（哲学者・科学者） 88
▼スタンダール（作家） 90
▼宮沢賢治（作家） 92
▼ノーベル（発明家） 94

▼カサノヴァ（作家）　96
▼ゴーギャン（画家）　98
▼リンカーン（米国大統領）　100
▼マルクス（哲学者）　102
▼ダーウィン（自然科学者）　104
▼バッハ（作曲家）　106
▼ビスマルク（政治家）　108
▼ダリ（画家）　110

4 ざんねんな名言集―病気・ストレス編―

▼カント（哲学者）　114

▼ベートーヴェン（作曲家）116
▼シューベルト（作曲家）118
▼ナポレオン（政治家・軍人）120
▼伊能忠敬（測量家）122
▼種田山頭火（俳人）124
▼樋口一葉（作家）126
▼ナイチンゲール（看護師）128
▼オー・ヘンリー（作家）130
▼野口英世（細菌学者）132
▼本多正信（武将）134
▼ニーチェ（哲学者）136
▼夏目漱石（作家）138

▼シャネル（ファッションデザイナー）　140
▼一休宗純（僧侶）　142

5 ざんねんな名言集―人生観編―

▼芥川龍之介（作家）　146
▼モーツァルト（作曲家）　148
▼ボードレール（詩人）　150
▼宮沢賢治（作家）　152
▼石川啄木（歌人）　154
▼ドストエフスキー（作家）　156
▼コロンブス（探検家）　158

▼マネ（画家） 160
▼川端康成（作家） 162
▼リスト（作曲家） 164
▼ルノワール（画家） 166
▼ヘッセ（作家） 168
▼孔子（思想家） 170
あとがき 172
参考文献 174

1

ざんねんな名言集—人間関係編—

古郷《ふるさと》は蠅《はえ》まで人を刺しにけり

――小林一茶《こばやしいっさ》（俳人）

「やせ蛙　まけるな一茶　これにあり」

そんな句がよく知られている、江戸時代を代表する俳人・小林一茶《こばやしいっさ》。

俳人というと、穏やかなイメージが強いが、一茶の人生は波乱万丈そのものだった。

わずか3歳で実の母と死別。15歳で江戸へ奉公に出されている。

俳諧を学んだのは25歳のときで、30歳から6年にわたって関西・四国・九州などの各地をめぐりながら、俳諧行脚《はいかいあんぎゃ》を行う。その間、ずっと食うものも住む場所もままならないほどの極貧生活を送っていた。

父の遺産を相続した一茶が、故郷でまともな安定した生活を送れるようになったときには、すでに50歳を超えていた。そこから24歳年下の妻をもらい、4人の子どもに恵まれるなど、ようやく幸せが訪れたかに見えた。

しかし、子どもたちは次々と亡くなり、妻も37歳で他界。その後、再婚するが、折り合いが悪くすぐに離婚。64歳のときに32歳の妻と再々婚を果たしている。

次々と新しい女性と結婚する一茶への周囲の風あたりは強かった。孤独感を増した一茶が残したのが、このネガティブすぎる句である。

それでも、亡くなる当日まで、俳諧師匠としての巡回指導を続けるなど、最期まで命を燃やし続けた。

でも、やっぱり少しは
それで傷つくんですよ

――アンデルセン(作家)

『みにくいアヒルの子』『裸の王様』『人魚姫』『マッチ売りの少女』……。「アンデルセン童話」と呼ばれる、これらの名作の数々を著《あらわ》したのは、ハンス・クリスチャン・アンデルセン。デンマーク生まれの作家である。

一人っ子だったアンデルセンは、両親から溺愛されて育ち、「自分は特別である」という意識が強かった。14歳にして一人で、コペンハーゲンに渡るが、詩人、役者、歌手、劇作家など夢は次々と変わり、どれも中途半端。生活は困窮を極めた。

転機は、30歳のときに訪れる。

最初の小説『即興詩人』を出版すると、大きな評判を呼び、ヨーロッパ各国で翻訳されることになった。

だが、有名になると、その分、苦労も増える。

ある日、アンデルセンの風貌をからかう、新聞記事が掲載されていた。そのとき、知人から「あなたのように世界的名声をもっている人が、どうしてそんなくだらない記事を気になさるんですか?」と聞かれたときに、アンデルセンが答えた言葉が、冒頭のものである。

その目には涙を浮かべていたというから、明らかに「少しは」ではないが、その繊細さがなければ、優れた創作活動はできなかったに違いない。

真の友人が見つからないので、高利貸しから金を借りざるをえません

――モーツァルト（作曲家）

ヴォルフガング・アマデウス・モーツァルトは、音楽史上最大の天才。

3歳にして絶対音感を持ち、6歳からヨーロッパ各地で宮廷音楽家として活躍。『交響曲38番（プラハ）』『フィガロの結婚』『魔笛《まてき》』『レクイエム』などの代表作をはじめ、総作品数は700曲以上に及ぶ。

優美で高貴。そんなイメージ溢れるモーツァルトには、知られざる趣味があった。それは、カード賭博である。家族や友人だけではなく、同僚や支援者、さらには、まったく知らない人ともカード賭博を楽しんだ。なかには、国で禁止されているものもあったという。

もちろん、気晴らしは必要だろう。だが、モーツァルトは、少々熱中し過ぎたようだ。父から苦言を呈されても、止めることができず、のめり込んでいった。

1年に1000グルデンという収入があれば十分余裕があると言われていたなかで、モーツァルトは毎年3000グルデン以上の収入を得ていた。にもかかわらず、それ以上に浪費して、借金を繰り返したのである。

これは、モーツァルトが知人に書いた手紙のなかの言葉。天才作曲家とは思えないが、人間的といえば、人間的である。

ほんとにひどいよ、
あの老いぼれ俗物連中が
同類じゃない人間の
邪魔をすることといったら

――アインシュタイン（物理学者）

アインシュタインは、「相対性理論」などを唱えた物理学者。ノーベル物理学賞を受賞し、「最も偉大な人物」とも称される、「天才」の代名詞といえる偉人である。だが、幼少期はろくに話すこともできず、運動も苦手。「馬鹿正直なノロマ」と同級生たちからもバカにされるような劣等生だった。

それでも勉強ができればまだよいが、数学以外の成績は悪く、受験にも失敗。ようやくチューリッヒ連邦工科大学に入学するも、卒業後の進路がなかなか決まらない。本人は「助手になれるのはまず疑いない」と恋人への手紙で書くほど楽観視していたが、ウィーン、ライプニッツ、ゲッティンゲン、シュツットガルト、ボローニャ、ピサ……とあらゆる、物理学者の募集に応募するが、就職は決まらない。

教授との関係性もよくなかったアインシュタイン。大御所たちを批判して言ったのが、この言葉である。

結局、アインシュタインは友人のつてを頼って、なんとか小さな特許庁に就職。まさに挫折の連続だが、仕事がそれほどハードではなかったことで、自分の論文を仕上げることができた。それがノーベル賞受賞につながるのだから、人生はわからないものだ。

人生の理不尽さへの愚痴もまた、前に進むためのエンジンとなる。

大方の人は途方もないバカだ誰と話せばいいいって言うんだ

――ピカソ（画家）

パブロ・ピカソは、20世紀が誇る天才画家。

現代美術の出発点とも言われる『アヴィニヨンの娘たち』、スペイン市民戦争におけるナチス・ドイツの無差別爆撃に抗議する『ゲルニカ』など、多くの名作を残した。作品点数は、2万点とも言われており、質も量もほかの画家を凌駕しているといっていいだろう。

私生活も破天荒で、分かっているだけでも、終生9人の女性と付き合い、そのうち2人と結婚。ピカソにとって恋愛は創作の源であり、違う女性と深い関係になると、その作風も変化していった。

80歳のときに、34歳のジャクリーヌと結婚するなど人生を謳歌したピカソだが、寄る年波には勝てなかった。

84歳のときに胃の手術を受けると、それほどひどい状態ではなかったにもかかわらず、「私は胃病だ。がんだと思う。だが誰も心配してくれない」と嘆いた。

自分の病状への周囲の無理解を嘆いたのが、この言葉だ。

「私の絵は日々ひどくなってゆく」

それでも描き続けたのが、ピカソがピカソたるゆえんである。

文学に
関係のないものは
すべて嫌いだ
人と話をするのは退屈だ

――カフカ（作家）

チェコ、プラハ生まれのフランツ・カフカは、『変身』『アメリカ』『審判』など数々の名作を残した、20世紀最高の作家の一人。

しかし、いずれも死後の刊行であり、カフカ自身も、後世にそれほど高い評価を受けるとは思わなかったことだろう。カフカは労働者傷害保険協会に勤務するサラリーマンで、仕事をしながら小説を書き続けた。

カフカが生涯を通じて独身だったのも、執筆活動と無関係ではない。毎日会社で働きながら家庭生活を営めば、執筆に十分な時間はとれないとカフカは考えていた。カフカは、自分が結婚しない理由をいくつか並べているが、そのうちの一つがこれである。

「文学に関係のないものはすべて嫌いだ。人と話をするのは退屈だ（文学に関する話でも）」

なんとも閉鎖的で暗い性格である。生前には作品が評価されなかったカフカ。他人から見れば「ざんねん」な人生かもしれないが、カフカは自分の人生の価値を知っていた。独身を貫くメリットとして、次のような理由もつづられていた。

「ぼくは一人でいなくてはならない。ぼくが成し遂げたものは、ひとえに孤独のたまものだ」

ざんねんな名言集―人間関係編―

学校は地獄であった

――江戸川乱歩《えどがわらんぽ》（作家）

大きな功績を残した人物のなかには、学校生活において惨めな思いをした人間も少なくはない。日本の本格探偵小説のパイオニアとなった江戸川乱歩《えどがわらんぽ》も、その一人である。

スポーツが大の苦手で、体育の時間に苦しめられた乱歩。高等小学校、中学校ではひどいイジメに遭い、後に「学校は地獄だった」と振り返っている。

そんなつらい現実から逃げるかのように、乱歩は妄想にふけった。父の書斎で本を読みふける時間もまた、特別なものであった。

学校卒業後、乱歩は職を転々とする。貿易商社、造船所社員、古本屋自営、『東京パック』編集長、東京市社会局公使、『大阪時事新報』記者、日本工人倶楽部書記長、ポマード製造所支配人、民事弁護士の手伝い、『大阪毎日新聞』広告部社員……。チャルメラを吹きながら、ラーメンを売ったことすらある。朝起きられなかった乱歩にとっては、社会人生活もまた厳しいものだった。

学校でも社会でもなじめない乱歩にとって、ようやく見つかった天職が、小説家である。大きなコンプレックスが、大きな飛躍につながった。

体操にいたっては、
まったく絶望的だった

――チャーチル（英国首相）

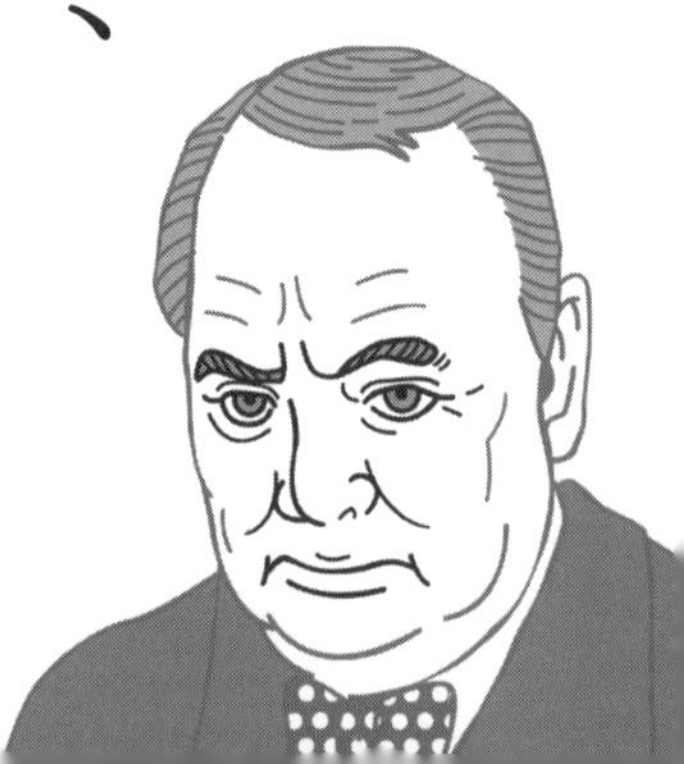

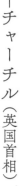

ウィンストン・チャーチルは第二次世界大戦時、自国を勝利へ導いたイギリスの首相。BBCが行った「時代を超えた最も偉大なイギリス人」で第1位に選ばれたこともある。

チャーチルは、冷戦を予見した「鉄のカーテン」のフレーズが盛んに引用されるなど、名演説家としても知られている。ハーロー校の卒業式では、次のような言葉を送った。

「絶対に、絶対に、絶対にあきらめるな」

だが、そういう自分は、わりとあきらめがちな学生生活を送っていた。エリート校で有名なセント・ジェームス校は少年院よりも規則が厳しいと言われており、チャーチルはこの学校をひどく憎んだ。

「私は、この学校が心の底から嫌いだった。2年以上も不安におびえながらすごしたのだ。勉強の成果などあるはずはなかった」

スポーツも苦手で、口をついた言葉が冒頭のものである。のちにイギリス首相として、一国をけん引する名首相になるとはとても思えないが、苦手なことがはっきりすれば、また、得意なことが見えてくるもの。

チャーチルにとっては国のリーダーこそが、天職だった。

私の人生の春は花で飾られていませんでした

――バルザック（作家）

過剰な才能は、まともな社会生活を送るうえでは、しばしば障壁になることがある。19世紀フランスを代表する作家、バルザックもまさにそうだ。バルザックは、天才にふさわしい執筆活動をしていたが、その一方で、借金は膨らむばかりだった。出版事業や銀山経営、鉄道会社への株式投資など、いろいろな事業に手を出しては失敗したからだ。

にもかかわらず、贅沢三昧《ぜいたくざんまい》な暮らしをしたことで、さらに多額の借金を背負うことになった。特に食事の量がすさまじく、社交界に繰り出しては、ご馳走をたらふく食べた。1日に100個以上の牡蠣《かき》を食べたこともあったという。

女性関係も派手で、次々と女性に手を出した。家庭を持つ貴族階級の年上の夫人たちとも関係を持ったという。

そんな破天荒な生活を送ったバルザックが、自身の幼少時代を振り返って言ったのが、この言葉である。

バルザックは、生後すぐに乳母に預けられ、母の愛を知らずに育った。大人になったバルザックが選んだ女性の多くが年上だったのも、その影響だと言われている。成功者となり欲望に突き進んだのは、ただ、一つ、本当の愛を求めたが故だったのかもしれない。

ざんねんな名言集―人間関係編―

仲間と同じくらいの知識がほしかった

――チャップリン（俳優・映画監督）

イギリスが生んだ喜劇王、チャーリー・チャップリン。

『チャップリンの独裁者』『モダン・タイムス』『黄金狂時代』など、映画の黎明期《れいめいき》に数々のサイレント映画を作り上げた。

そんな喜劇王、チャップリンが生まれ育った環境は実に過酷なものだった。父が酒乱だったため、両親は離婚し、母は女手一つでチャップリンを育てた。その家計は厳しく、極貧のなか、安いアパートの屋根裏部屋で、チャップリンは幼少時代を過ごす。正規の学校に通うお金すらもなかった。

そこから俳優事務所を訪ね歩いて、喜劇俳優としてチャンスをつかみ、一つずつステップアップしていく。17歳のときに、初めて大きな舞台を踏むと、「後ろを向いて登場する」という当時は珍しかった手法で観客を大いに沸かせた。

喜劇役者の道に希望の光を見出したチャップリン。だが、21歳のときにある劇団とアメリカに渡ったときに、自分があまりにも物事を知らないと実感したという。後に、こんなふうに振り返った。

「私は、自分の仲間と同じくらいの知識がほしかった」

学歴がないことは、チャップリンに暗い影を落としたが、逆境をバネに世界へと羽ばたいた。

心が糸の如く乱れています

――高杉晋作《たかすぎしんさく》（武士）

長州藩士の高杉晋作《たかすぎしんさく》は、身分を超えて有志の者を集めた「奇兵隊《きへいたい》」を創設。たった84人で、2000人以上の長州軍相手にクーデターを成功させ、倒幕へと弾みをつけた。

その行動力から晋作は「鼻輪を通さない離れ牛」とも呼ばれたが、実のところは、家族とのしがらみも多く、自由気ままとは程遠い状況だった。

藩の中流官僚だった父を持ち、裕福な家庭で育った晋作は、両親や祖父に大切に育てられた。晋作が、家族の目を盗んで足しげく通ったのが、松下村塾である。吉田《よしだ》松陰《しょういん》を師匠として、晋作は学問に励み、その頭角を現す。

晋作が熱望したのは、江戸での遊学である。ライバルの久坂玄瑞《くさかげんずい》にも先を越されて、他の塾生たちも江戸での遊学を果たすなかで、晋作だけが叶わずに、悶々としていた。だが、ようやく念願の江戸入りを果たすも、晋作は人気の私塾を2カ月で退学。江戸の生活になじめず、松陰にその思いを手紙につづって吐露したのが、この言葉である。

不安に満ちた言葉は、のちに幕末の世を駆け回る男とは思えないが、こんな挫折があったからこそ、不利な状況にも立ち向かう力を身につけることができた。

貧しき者たちを
搾取していることが、
わたしには辛くて
たまらない

――トルストイ（作家）

レフ・トルストイは、世界的な名著『戦争と平和』を著した、ロシアが生んだ大文豪。

23歳のときに『幼年時代』で華々しく文壇デビューを果たしてから、クリミア戦争に従軍するなどしながら、『アンナ・カレーニナ』『イワンのばか』などの不朽の名作を残している。

そんな世界的な名声を手に入れたトルストイだが、晩年、良心を痛めていてもたってもいられなくなっていた。貧しい人たちがいるのに、自分だけ今のような暮らしをしていてよいのだろうか。トルストイは手紙で友人にこう打ち明けている。

「われわれの生活の異常さ、つまり、われわれが何ら良心の咎《とが》めもなく公然と貧しき者たちを搾取していることが、私には辛くてたまらない」

財産を放棄して、百姓として暮らし始めたトルストイ。そんな生活を妻が理解できなかったのも無理はないだろう。2人の軋轢《あつれき》は増すばかりで、トルストイは82歳にして娘を伴って、家出。そのまま、途中の駅で息を引き取っている。

理想がある者ほど苦しむ。だが、それこそが、人間らしさなのではないだろうか。

自分のなかに引きこもり
自分の思考にふける傾向が
ますます強くなってきている

――ベル（発明家）

電話機を発明した偉人。広く知られているのは、それくらいの情報かもしれない。アレクサンダー・グラハム・ベルのことだ。

ベルが、電話の原理を確立したのは28歳のとき。聴覚に障害がある人にどのように言葉を伝えるかを研究するなかで生まれたのが、話し手の声の振動を利用する「電話」だった。

電話の特許をとり、発明家、そして事業者として大成功を収めたベルだが、性格は引きこもりがちで、孤独になることを望んだ。自ら発明しておきながら、書斎に電話を置くことも拒んだ。

「私は歳をとるにつれて、自分のなかに引きこもり、自分の思考にふける傾向が、ますます強くなってきている気がします」

そう妻に告げては、午前3時までピアノを弾き続けたり、夜中にひとりで散歩したりした。そして、孤独のなか、過食に走ったベル。180センチ、75キロという体格から、136キロまで太り、糖尿病に苦しんだ。

それでも、単独で18も特許を取るなど、科学者として世界に名を馳せた。それは、孤独のなかでなければ、残せなかった業績なのかもしれない。

ざんねんな名言集―人間関係編―

骨を折って
苦労して非難され、
酒を買って
好意を尽くして損をする

――平《ひら》賀《が》源《げん》内《ない》（発明家）

「偉人」と呼ばれる人物は数多くいるが、どちらかというと、一つのことに打ち込んだ人物が多い。

そんななか、平賀源内《ひらがげんない》ほど多才な人物も珍しいだろう。数々の著作を残し、浄瑠璃戯曲や、絵画の制作にも取り組み、「和製ダヴィンチ」とも評されている。

源内が遺した多岐にわたる業績のなかでも、最もよく知られているのが、エレキテルの発明である。故障した摩擦起電器を長崎から持ち帰り、7年にもわたって、改良を繰り返した。書物も十分にないなかで、電気の原理を独学で習得し、源内はエレキテルの復元に成功した。

びりびり火花が飛ぶエレキテルは、大衆の高い関心を呼び、やがて源内は大名屋敷に出張。エレキテルを披露しては収入を得るという生活をしていた。

だが、その一方で、怪しい発明で人を惑わしているという噂も立てられ、なかなかエレキテルの真の価値を認めてはもらえなかった。

「わしは大勢の人間の知らざることを工夫し、エレキテルをはじめ、今まで日本にない多くの産物を発明した。これを見て人は私を山師と言った」

山師、つまり詐欺師扱いをされていることを嘆きながら、この言葉を続けた。ほかの人から見れば羨ましいほど器用な人にも、やはり悩みはあるのだ。

ざんねんな名言集—人間関係編—

あなたは恐れながら田舎者ですから

——西郷隆盛《さいごうたかもり》（政治家・軍人）

幕末、明治維新のヒーローと言えば、この男だろう。薩摩藩の西郷隆盛《さいごうたかもり》のことだ。盟友、大久保利通《おおくぼとしみち》とともに、倒幕・維新に尽力。西郷、大久保、木戸孝允《きどたかよし》は「維新の三傑」と呼ばれた。

ＮＨＫ大河ドラマ『西郷《せご》どん』などフィクションでは、愛されるキャラクターとして描かれることが多い西郷。西郷が自分の信念を貫いたことは確かだが、そのためにしばしば周囲と軋轢《あつれき》を生むことになる。その一番の被害者が大久保だった。

西郷が「安政の大獄」によって島に流されると、大久保は東奔西走。西郷をよく思っていない藩のトップ島津久光《しまづひさみつ》に掛け合って、なんとか西郷に帰藩命令が下されることになった。

だが、藩に帰ってきて、久光と顔を合わせると、西郷は呼び戻してくれた礼を言うこともなく、久光の上京計画に「今軍勢を率いて京に入れば、大混乱になるに違いもはん」と反対。さらに、西郷はこう続けたのである。

「御前には、恐れながら田舎者であられるゆえ」

藩主を前にしてまさかの田舎者扱い。周囲の気遣いを台無しにする、あまりに「ざんねん」な態度だが、だからこそ周囲を気にせずに、大改革を成し遂げられた。

清少納言は利口ぶって漢字を書き散らしておる

――紫式部《むらさきしきぶ》（作家・女官）

平安時代中期の作家・歌人、紫式部《むらさきしきぶ》。世界最古の長編物語の一つである『源氏物語』の作者として、日本人ならば知らない人はいないだろう。

「日本最高峰の文学を残す」という圧倒的な偉業を成し遂げた紫式部だが、嫉妬する相手がいた。平安時代を代表する才人、清少納言である。

2人とも仕えた主は一条天皇の妃だったが、清少納言が仕えたのは定子《ていし》、紫式部が仕えたのは彰子《しょうし》だった。何かと意識していたようで、紫式部はこんなふうに清少納言の悪口を書いた。

「清少納言こそしたり顔にいみじう侍《はべ》りける人。さばかりさかしだち、真名《まな》書きちらして侍るほども、よく見れば、まだいと足らぬこと多かり」

現代語訳したのが、冒頭の言葉である。清少納言が書いた『枕草子』が評判を呼んでいたことも、紫式部のライバル心に火をつけたらしい。悪口は止まらず、こんなことも書いている。

「このように、人より特別優れていようと思いたがる人は、必ず見劣りし、将来は悪くなるだけでございます」

醜い嫉妬もまた生きる活力になる。人間らしいといえば人間らしい紫式部だった。

2

ざんねんな名言集―仕事編―

夜の間も長時間、
しばしば我慢の限界まで
働くことになる

――エジソン（発明家）

アメリカが生んだ発明王、トーマス・エジソン。電球や蓄音機など1300もの発明を行なった。動画撮影機の技術革新も起こし、「映画の父」とも呼ばれている。

一方、エジソンに発明工場の経営者としての顔もあったことは、あまり注目されていない。

エジソンは、40歳のときに、アメリカニュージャージー州北部の片田舎に、世界最大規模の巨大な発明工場を作った。「あのエジソンと働けるならば」と、若い技師たちが殺到することになった。

しかし、そのなかには、後悔した者も少なくなかっただろう。

工場の労働条件はあまりにも過酷なもので、勤務時間はあってないようなもの。何時間も休みなしで実験を行うこともあった。エジソン自身も限界まで睡眠時間を削っていたため、従業員たちも当然そうすべきだと考えていたようだ。

エジソンが従業員たちに言ったのが、この言葉である。堂々と宣言しているが、現代ならば、完全に悪徳企業である。

天才のもとで働くのは楽ではないが、それほどの熱量があったからこそ偉業を成し遂げられたのだろう。

今日もまた仕事で、つらい一日だった

――ゴッホ（画家）

オランダ生まれの画家、フィンセント・ファン・ゴッホは、『ひまわり』『星月夜《ほしづきよ》』などの作品を残した印象派の巨匠。

だが、高く評価されたのは死後のことで、生前に売れた絵はたったの1枚だったといわれている。もちろん、それでは画家として生活していけるわけもなく、美術商や牧師、伝道師など、さまざまな職を転々としながら、絵を描き続けた。

1888年、ゴッホが35歳のときに、友人で画家のベルナールに宛てた手紙では、「昼間の仕事ですっかり疲れきったときでも、夜、手紙を書くと気持ちが落ち着く」として、「今日もまた仕事で、つらい一日だった」と、兼業画家の苦しみを吐露している。

それでも恋愛など私生活が充実していれば、まだ救いがあるが、その点でも芳しくなかった。思い込みが激しかったゴッホは知り合ってすぐにプロポーズしてしまうなど、相手との距離感が全く読めずに、いつも当惑させてしまうのだ。

ゴッホが画家として活動した期間は約10年。その間に制作した絵は、素描も含めて2000点以上にものぼった。創作活動で苦しむ芸術家は多いが、ゴッホにとっては、つらい現実を支えてくれるのが、絵を描くことだった。

どうにも仕上がらん
できんのだ

――ヘミングウェイ（作家）

アーネスト・ヘミングウェイは、20世紀を代表するアメリカの作家。短編小説『老人と海』は世界的なベストセラーとなり、ピューリッツァー賞を受賞。1954年にはノーベル文学賞も受賞した。

屈強な肉体を持った作家としても有名で、第一次世界大戦に従軍したのち、スペイン内戦、第二次世界大戦にも従軍記者として参加。ともに無事に生還している。さらに、1年間に2度も飛行機事故に遭い、瀕死の状態になっても、しっかりと復活。まるで不死鳥を思わせる強靭さである。

だが、そんな最強の肉体と知性を持ったヘミングウェイも、晩年はノイローゼに苦しみ、精神を病むことになる。執筆も滞ってしまい、こんな言葉をもらすようになった。「どうにも仕上がらん。できんのだ。1日中、仕事机に向かい、1日中ここに立ったまま、がんばって、ほんの、ほんのちょっと1行かそこらを書き足すだけ、いやもっとかもわからん、が、とにかくできんのだ……」

1961年のよく晴れた日の朝、ヘミングウェイは拳銃で自殺。自殺前夜には、妻の鼻歌の続きを歌うようなご機嫌さだっただけに、謎は深まるが、躁鬱《そううつ》気質が原因だったのではないかと言われている。

ジェットコースターのような人生を送った。

胃にさしこみのような
痛みがありますので、
どうか辞めさせて下さい

――二宮《にのみや》尊徳《そんとく》（農政家）

二宮尊徳《にのみやそんとく》は、江戸時代後期の農政家・思想家。

薪《たきぎ》を背負って読書する銅像の姿は、あまりにも有名だ。戦前の「修身」教育で脚光を浴びた二宮は「金次郎」と称され、銅像は全国の小学校に建てられた。

復興事業に才能を発揮した二宮は、小田原藩主に命じられて、下野国《しもつけのくに》桜町《さくらまち》に赴任。6年にわたって復興に取り組むが、うまくいかなかった。

それも無理はない。村は荒れ果てて、農民たちは昼間から賭博をする有様だった。耐えかねた二宮は、手紙で辞意をつづり、それを置いて失踪してしまった。そのなかの言葉が、この一節である。

まるで学生アルバイトのような辞め方だが、仕事を放りだした二宮は、成田山新勝寺《なりたさんしんしょうじ》で断食修行をしていたという。

このまま投げ出していたならば、二宮は偉人どころか、ただの半端モノに終わっただろう。

だが、二宮は諦めず、その後、桜町で復興を成し遂げる。さらに、凶作を予見して、天保の大飢饉を一人の犠牲者も出さずに乗り越えたのである。

日々のパンにも
困ることになりはじめた
人生は恐ろしい地獄になった

――ファーブル（昆虫学者）

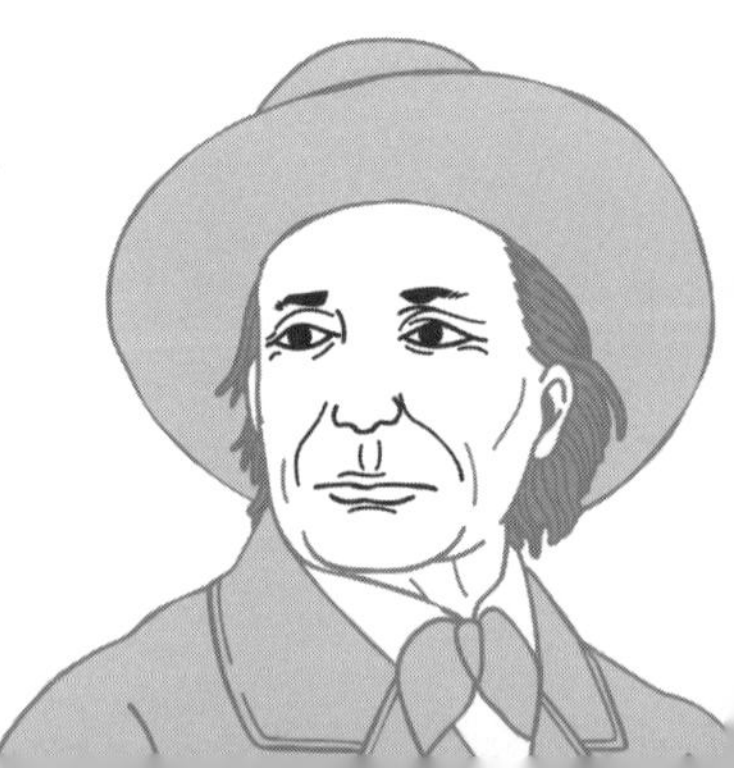

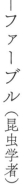

フランス生まれの昆虫学者、ジャン＝アンリ・ファーブル。

父が安定した職につかなかったために、貧しい幼少時代を送った。現状を打破するために、父が一念発起してカフェ事業に乗り出すも、接客が苦手だったことで失敗。あまりにも迂闊《うかつ》な父の挑戦が失敗したことで、ファーブル家の財産は底をつき、一家離散の道をたどる。

たった14歳にして、独りぼっちで生きていくことになったファーブル。当時を振り返ったのが、この言葉である。大げさではなく、住む場所も食べる物も、着る服もままならないという想像を絶する毎日を送っていた。

それでもファーブルは、人生を投げ出すことはなかった。土木作業員として働きながら、なんとか自活していく。やがて、教師の職を得ることに成功し、紆余曲折を経て、研究者としての道をこじ開ける。

絶望に満ちた心を慰めてくれたのは、地面を這う昆虫たちである。現実から逃げるように、虫をひたすら観察し続けた。あまりにも暗すぎる青春時代だが、その経験がのちに生かされ、『ファーブル昆虫記』というベストセラーを生むことになる。

昼夜仕事のことしか
考えない
このような苦痛を
私は今まで耐えてきた
今も耐えている

――ミケランジェロ（彫刻家）

ミケランジェロ・ブオナローティは、イタリアルネサンス期の彫刻家、画家、建築家、詩人として幅広く活躍。『ピエタ』『ダビデ像』などの彫刻作品をはじめ、数々の秀逸な芸術作品を残し、レオナルド・ダ・ヴィンチ、ラファエロ・サンティとともにルネサンスの三大巨匠の一人とされている。

創作活動へのストイックな姿勢は、自らの健康を害するほどだった。「システィーナ礼拝堂」の天井画では、ずっと上を見上げて描いたため、ミケランジェロの腰は折れ曲がり、視力も激減。この言葉にあるとおり、ただひたすら仕事のことだけを考えて、身体はボロボロだった。

また、ミケランジェロは気難しく、すぐに助手を追い返してしまうなど、共同作業が苦手だった。一人で創り続けたこともハードワークに拍車をかけた。

人との交流を避け、食べるものにも着るものにも関心がなく、靴を履いたまま、服を着たまま寝ることもあったミケランジェロ。苦痛のなかで、ひたすら働き続けた。

その生き方は、求道者そのもの。過酷な人生だが、芸術家とはかくあるものなのかもしれない。

わたしはもう何の役にも立ちません

――ゲーテ（作家）

ドイツの文豪、ヨハン・ヴォルフガング・フォン・ゲーテは、劇作家、小説家、科学者、哲学者、そして政治家としても活躍。「万能の天才」と呼ばれるにふさわしい、多彩な才能を誇った。

だが、政務を執りながら創作や研究の活動を行う日々は、あまりに忙しかった。特に自然科学の研究に着手できないことへストレスを感じていたようだ。34歳のゲーテは、シュタイン夫人宛の手紙で、「わたしはもう何の役にも立ちません」とつづった。

何でもできるゲーテだけに、何もかもが中途半端だという気持ちに陥ったのかもしれない。ほかの知人には、こんな手紙を書いた。

「わたしは死んだも同然」

万能の天才とは思えない、ネガティブさ。義務を果たすことに、すっかり疲弊してしまったのだろう。

結局、ゲーテは政務を投げ出して、イタリアへ逃亡。滞在は2年にわたり、学術・芸術部門での指導にあたった。その逃亡先のイタリアでの経験を本にまとめた『イタリア紀行』が名著といわれているのだから、わからないものである。

アレクサンドロスが
世界を制覇した齢に
なったのに、自分は何ひとつ
やっていないではないか

――カエサル（政治家）

ローマ最大の英雄、ガイウス・ユリウス・カエサル（英語名：ジュリアス・シーザー）。カエサルは、ガリア戦争やローマ内戦に勝利して、帝政ローマの礎を築いた。英雄には、名セリフがつきものだ。

カエサルが、ライバルのポンペイウスとの戦いを決意して、ルビコン川を渡ったときに叫んだという「賽《さい》は投げられた」や、自国に勝利を報告する手紙で書いた「来た、見た、勝った」は、今でも名フレーズとして引用されている。

そんな勇ましいカエサルも、青年のころは苦悩していた。31歳のときに、アレクサンドロス大王の像の前で言ったのが、この言葉だ。

アレクサンドロス大王どころではない。ポンペイウスやキケロなど、カエサルよりもたった6歳年上にもかかわらず、すでに名声を獲得していた。

だが、カエサル自身は自らを着飾るためや、出世するためのバラマキに浪費して、借金を重ねる始末。よもや自分が英雄として世界史に名を刻むなど思いもしなかったのである。

正しく振る舞っても、
誹《そし》りを受けるのが、
王者の宿命である

――アンティステネス（哲学者）

犬のような生活を送ることを目指した、犬儒学派《けんじゅ》――。

何を言っているんだと思われるかもしれないが、ヘレニズム期の古代ギリシアにおいて、実際にあった哲学の一派である。「キュニコス派」とも呼ばれる。

その祖となったのが、アンティステネスである。ソクラテスの弟子であり、「人間として良く生きる」ことを突き詰めた。

贅沢を嫌ったアンティステネスは、髭を伸ばして、ずた袋と杖を携えながら、質素な生活を送った。下着もつけずに、上着を二重におって上着と下着にしていたという。

アンティステネスの弟子になったディオゲネスに至っては、樽のなかに暮らしていたことで知られている。

周囲から奇異に思われたとしても、自分を貫いたアンティステネスの言葉がこれだ。「ざんねんな人」とレッテルを貼られるくらいが、自由に振る舞えてよいのかもしれない。少なくとも、抑圧して他人に合わせるよりは、「人間としてよりよい生き方」といえそうだ。

国主《こくしゅ》はもういい
出家がしたい
寺の坊主になる

――上杉謙信《うえすぎけんしん》（戦国武将）

戦国武将の上杉謙信《うえすぎけんしん》は、15歳のときに初陣《ういじん》で勝利して以来、43勝2敗25分と圧倒的な強さを誇り、「越後の龍」と他国から恐れられた。

最強の戦国武将ともいわれる謙信だが、27歳のときには、禅の師匠・天室光育《てんしつこういく》にこんな手紙をつづっている。

「領国内の混乱が収束し、安定した世になったので、昔から『功なり名をとげた者が身を引く』というのにならって、隠居して出家したい」

国が安定したならば発展させるのが、一国の主の役目のはずだが、謙信はどこ吹く風で、20代なのに隠居を希望している。

それも口だけではなく、馬に乗って、そのまま本当に越後を脱出してしまったというから、周囲もさぞ慌てたに違いない。驚いた家臣が連れ戻しにいって事なきを得るが、あまりにも無責任である。

天下人になることへのテンションが低かった謙信。家臣も頭を抱えていたに違いない。

だが、政治的野心が少なかったからこそ、「敵に塩を送る」といった義を重んじる謙信ならではの美学が生まれることにもなった。

天下を取って、仕損じるよりは天下を取らないほうがよい

――徳川慶喜《とくがわよしのぶ》（将軍）

江戸幕府最後の将軍となった、第15代の徳川慶喜《とくがわよしのぶ》。

1867年には、大政奉還を行い、政権を朝廷に返上した。その後、官軍と旧幕府軍が政権の主導権を巡り、鳥羽伏見《とばふしみ》の戦いが行われるが、慶喜はまさかの敵前逃亡。途中で大坂城を脱出し、江戸に帰ってしまった。

何とも情けないイメージが強い慶喜だが、もともと将軍になどなりたくなかった。その聡明さから、七男にもかかわらず、父、徳川斉昭《なりあき》の期待は大きかったが、父をけん制するかのように、慶喜はこんな手紙を送っている。

「天下を取ることほど、気骨《きぼね》が折れることはない。天下を取って、仕損じるよりは、天下を取らないほうがよいと思われる」

これだけ嫌がっていたにもかかわらず、慶喜は30歳のときに、弱体化した幕府の将軍職を引き受けることになった。

明治になり、職務から解放されると、慶喜は好きなカメラや油絵、書に没頭しながら、狩猟や能楽、馬術を楽しむなど、セカンドライフを堪能。

77歳と江戸幕府の将軍としては最も長生きした。

私のような
年をとった者は
これから先のことは
とても駄目じゃ

――大久保利通《おおくぼとしみち》（政治家）

薩摩藩士の大久保利通《おおくぼとしみち》は、盟友の西郷隆盛《さいごうたかもり》とともに、倒幕を果たし、明治政府の中心人物として活躍した。

弱体化する士族の味方となって政権を離れた西郷とは対照的に、大久保は廃藩置県や地租改正などに尽力し、明治維新を推進。近代日本の礎を築いたといっても過言ではない。

そんな大久保が珍しく弱気になったことがある。

不平等条約の改正を目指して各国を訪問した岩倉使節団。大久保ももちろん、同行したが、ほかのみなが外国の風景を見て騒ぐなか、大久保は黙ってタバコを吸ってばかり。洋行中に口を開いたのは、数えるほどしかなかった。

もともと口数が少ない大久保だったが、押し黙っていたのは、欧米との国力の差に打ちひしがれていたからだった。それは、政界からの引退を思わせる、こんな言葉が口に出るほどだった。

欧米と比べてあまりにも「ざんねん」な我が国の状況を痛感した大久保。征韓論を唱える西郷と対立しながら、富国強兵へと国家のかじ取りを行った。リアリストがゆえに嫌われがちだが、そんな実務を重んじた大久保でなければ、近代化は難しかっただろう。

30分も眠ると、
つらくなるから、
10分で起こしてください

――手塚治虫《てづかおさむ》（漫画家）

漫画の神様――。

そう呼ばれる手塚治虫は、『鉄腕アトム』『ブラック・ジャック』『火の鳥』など数え切れない傑作を生み出し、日本特有のストーリー漫画を世に広めた。日本で初めて連続テレビアニメを実現させたのも手塚である。

手塚はそのクオリティの高さだけではなく、多作な漫画家としても知られている。過密スケジュールのなか、睡眠もままならず、「30分も眠ると、つらくなるから、10分で起こしてください」と、周囲に伝えることもあった。

体調を崩してスケジュールが中断されることがあると、「俺のせいじゃない！」と、ベレー帽を床に叩きつけて怒ったが、その後はすぐに、漫画制作にとりかかったという。

胃癌《いがん》により60歳で他界した手塚。その最期の言葉は懇願に満ちていた。

「となりの部屋へ行くんだ。仕事をする。仕事をさせてくれ」

死ぬことよりも、漫画が描けなくなることが怖かったのだろう。漫画家という仕事に生涯を捧げた手塚らしい言葉である。

わたしはこれ以上
ブラブラしていられない
また働かねばならないのだ

――マーク・トウェイン（作家）

アメリカ文学史上の傑作の一つとされている、1876年に出版された『トム・ソーヤの冒険』。作者は、マーク・トウェイン、その人である。

もともとはミシシッピ川の水先案内人だったが、新聞記者として長期連載を手がけるようになると、それが評判となり、作家活動を本格化させていった。

『トム・ソーヤの冒険』や『ハックルベリー・フィンの冒険』で莫大な富を手にしたトウェインだが、投資に失敗して、60代に差しかかる時期に、20万ドルを超える借金を背負うことになってしまう。そのうえ、懇意の出版社が倒産するなど、踏んだり蹴ったりの状況のなか、トウェインが言ったのが、この言葉である。

一生遊んで暮らせるほどの財産をつかみながら、マイナスからスタートとなったが、トウェインは講演や執筆を精力的にこなして、なんとか借金返済の目途をつけた。

追い込まれたことが、創作者としての寿命を延ばすことになったのかもしれない。

そんなバカな就職というものは御免《ごめん》です

――中原中也《なかはらちゅうや》（詩人）

中原中也《なかはらちゅうや》は昭和初期に活躍した詩人で、日本の近代詩史に偉大な足跡を残した。

酒を飲んでは周囲にからんで喧嘩したり、いきなり友人の家にあがりこんで嫌がられたりするなど、やりたい放題の中也。酔っぱらって、作家の太宰治とも大喧嘩したエピソードはよく知られている。太宰のほうも、中也は苦手だったようだ。

詩人らしい不安定な生活を送っていた中也だが、29歳のときには、就職活動をしたことがある。息子が2歳になることもあったのだろう。中也は親戚がいるＮＨＫの採用に応募した。

だが、履歴書の経歴の欄には、ただ「詩生活」と書いただけ。面接官に「これでは履歴書にならない」と苦言を呈されると、中也はこう言い返した。

「それ以外の履歴が私にとって何か意味があるのですか」

さらに、面接官にこう言い放ったのである。

「そんなバカな就職というものは御免です」

当然、結果は不採用。その1年後、中也は結核で30歳の短い生涯を閉じる。最後まで「詩人」として生き続けた、その姿勢が今でも多くのファンを生み出している。

3

ざんねんな名言集―恋愛・家庭編―

絶対に
お前とは別れない
だが結婚も絶対にしない

――ルソー（哲学者）

ジャン＝ジャック・ルソーは、18世紀フランスの哲学者。『エミール』『社会契約論』といった著作で知られている。

『エミール』については、哲学者のイマヌエル・カントが読むのに夢中になり過ぎて、日課にしていた散歩を忘れてしまったという逸話もある。それくらい人を惹きつけるものがあったのだろう。近代の教育学に大きな影響を与えた名著である。

その『エミール』には、こんな一節がある。

「父親の義務を果たすことのできないものは、父親になる資格もない。父親たるものは、貧乏とか職業などの人間的要因を理由にして、子どもを養育し、教育する義務から免れ得ない」

立派な言葉だが、ルソー自身は、事実婚の状態だったテレーズとの間にもうけた5人の子どもを全員、施設に預けている。

ルソーは、テレーズに教養がなかったことをいたく気にしており、結婚するつもりは最初からなかった。子どもができても結婚という選択肢が出ないように、ルソーがあらかじめ言っておいた言葉がこれである。

自由すぎる生き方だが、それこそが、ルソーの思想を広げることになった。

一人でいれば
いつかはいまの職を
辞められるかもしれない
結婚したら絶対に無理だ

――カフカ（作家）

恋愛にまつわる「ざんねん」な名言ならば、フランツ・カフカにやはり再登場してもらわなければならないだろう。

生涯独身を通したカフカは、30歳の誕生日を自宅で、両親とともに迎えた。サラリーマンとして労働者傷害保険協会に勤務しながら、執筆活動を行っていた。先にも少し内容を紹介したが、カフカは30歳の誕生日から数日後に「ぼくの結婚に対する賛成、反対論の取りまとめ」を日記に記して、結婚に対する考えを披露している。

そのなかの一つが、この言葉である。

カフカは、恋人のフェリーツェと5年にわたる交際のなかで、500通もの手紙を出した。相手はカフカとの将来を考えたに違いない。しかし、カフカ自身からプロポーズをしたにもかかわらず、2度婚約して、2度とも解消。その後に書いたのが、この言葉だった。

優柔不断極まりないが、カフカは小説で独り立ちすることを夢見ていたのだろう。であれば、結婚して所帯を持つことを避けたかったのは、仕方がないことなのかもしれない。

愛とは、この女は他の女とは違うという幻想である

――メンケン（批評家）

Ｈ・Ｌ・メンケンは、アメリカの批評家、ジャーナリスト。１９０８年に『スマート・セット』誌の文芸欄を担当し、のち主宰を務めた。

アメリカ社会に対する辛辣な批判を繰り返し、その舌鋒《ぜっぽう》の鋭さから、「アメリカ文壇の恐るべき子ども」「ボルチモアの悪ガキ」と呼ばれた。

メンケンは愛についての名言も数多く残しているが、愛のすばらしさではなく、恋愛に盲目になる人間の滑稽さを鋭く表現している。

「愛とは、この女は他の女とは違うという幻想である」

「恋愛は戦争のようなものである。はじめるのは簡単だがやめるのは困難である」

さらに、「愛とは想像力の知性に対する勝利である」「まともな男は、30歳をすぎたら恋なんてしないね。体のほうに、ガタがきはじめるから」とも言っている。

確かに、恋愛にまつわるエピソードは、誰もが、カッコ悪い「ざんねんな」ものが多い。しかし、それは本気で恋愛した者だけが体験できること。それこそが人生の醍醐味ともいえるだろう。

そばにいると
その決心もなえてしまう

――パスカル(哲学者・科学者)

「人間は考える葦《あし》である」

そんな名文句のほか、「パスカルの原理」「パスカルの定理」を生み出したことで知られているのが、ブレーズ・パスカルである。肩書きは実にさまざまで、数学者としての顔もあれば、哲学者としての顔もあり、また、物理学者、思想家としても活躍した。「早熟の天才」とも呼ばれたパスカルは、幼少のころから病弱で、39歳の若さで亡くなっている。パスカルは計算機の設計や作成にも携わったが、そのことに熱中するあまり、寿命を縮めたと言われている。

そんな研究ばかりしていたパスカルが、愛について書いたのがこの言葉である。

「愛する人から遠く離れているときには、多くのことをしたり、言ったりしようと決心している。だが、そばにいるとその決心もなえてしまう」

想像上はうまくいくが、現実になると、ろくに行動できない。そんな「ざんねん」な自分に気づくことは、恋に落ちた者ならば誰でも経験があるだろう。そのもどかしさがまた、恋愛の醍醐味でもある。

パスカルは生涯独身で、恋愛をした形跡は残っていないが、定理では解けない、切ない恋愛がきっとあったに違いない。

彼女に愛されるために
醜すぎることをおそれる

――スタンダール（作家）

スタンダールは、19世紀前半に活躍したフランスの小説家。代表作である『赤と黒』『恋愛論』のほか、墓標に刻んだ次の言葉がよく知られている。

「書いた、愛した、生きた」

この言葉通り、スタンダールは数多くの女性と恋愛をして、それを原動力として筆を進めた。ただ、スタンダールは太っており、足も短く、美男子とは言えなかった。それでも女優を恋人にすることを夢見たスタンダールは、21歳のときに、3歳年上の女優に恋をする。日記に次のような決意表明をつづっている。

「私は自分が彼女に愛されるために醜すぎることをおそれる。このおそれが私にぎこちない様子をあたえはしないかとおそれる。このおそれを克服せねば」

覚悟の甲斐があって、スタンダールは彼女にアタックして成功。そればかりか、新しい女性に恋に落ちると、彼女をフッている。

プレイボーイを目指したスタンダールは、その後も、積極的に恋に落ちては、行動に移した。ざんねんなルックスでも、行動力があれば、実を結ぶのだ。

禁欲はけっきょく何にもなりませんでしたよ

――宮沢賢治《みやざわけんじ》(作家)

日本を代表する童話作家・宮沢賢治《みやざわけんじ》。『雨ニモマケズ』、『風の又三郎』、『銀河鉄道の夜』『注文の多い料理店』など、その作品は時代を越えて、今でもなお読み継がれている。

賢治もカフカと同様に、生涯独身を貫いた。カフカと異なるのは、恋愛自体の経験がほとんどないことだ。

17歳で鼻炎の手術で入院していたときに、同い年の看護師に恋をしたものの、失恋。それ以来は、女性をむしろ遠ざけようとしていた。言い寄ってきた女性を遠ざけるために、自分の顔に炭を塗り病気のふりをしたこともあったくらいである。

「性欲、労働、頭脳の3つは両立しない。だからいずれかを犠牲にしなければならない」

そんなふうに考えた賢治は、山野を歩き回ることで欲を鎮めながら、独身主義だけではなく、禁欲主義も貫こうとした。だが、晩年はそのことに虚しさを覚えたらしい。友人に、男女が絡み合う浮世絵のコレクションを見せながらつぶやいたのが、この言葉である。

しかし、日本文学史に残る童話を書き上げるにあたっては、それくらいのストイックさが必要だったのかもしれない。

今までの僕は
君にとって単に
金を貢ぐだけの男

――ノーベル（発明家）

ノーベル賞の授賞式は、毎年12月10日に行われる。その日が、ノーベル賞の創立者、アルフレッド・ノーベルの命日にあたるためだ。

ノーベルはダイナマイトの発明によって、巨万の富を得て、ノーベル賞設立の基金にあてた。「死の商人」と呼ばれたノーベルが、自分の名誉を回復させたいという思いもあって設立したのが、ノーベル賞である。

ノーベル賞が文化や科学の発展にいかに寄与したかを考えれば、ノーベルの功績は果てしなく大きいといえるだろう。

だが、ノーベルには生涯、心を悩ませる存在がいた。恋人のゾフィー・ヘスである。ノーベルは23歳年下のゾフィーに惚れ込んで、218通もの手紙を書いたが、ゾフィーからの手紙はひたすら金の無心をするものばかり。そのたびに、ノーベルは彼女にお金を与えた。

だが、ゾフィーは他の男との間に子どもをつくって、別れを切り出すなど、やりたい放題。呆れたノーベルが書いた手紙のなかの言葉がこれだ。

あまりに切ないが、仕事一筋のノーベルにとってはかけがえのない女性だった。

正規な家庭生活を営めばかならず不幸になるぐらいははっきり承知していた

――カサノヴァ（作家）

　ジャコモ・カサノヴァは、イタリアのヴェネツィア生まれの作家。彼の知名度を上げたのはその作品ではなく、華麗なる女性遍歴だった。

「ベッドに連れ込めない女性はいない」と豪語するほどのプレイボーイだったカサノヴァ。生涯で関係を持った女性は1000人以上ともいわれている。

　カサノヴァは初めから結婚するつもりなどなく、こんなことも言っている。

「私は自分というものをよく知っていたから、正規な家庭生活を営めばかならず不幸になるぐらいははっきり承知していた」

　しかし、カサノヴァにも結婚を考えた女性がいないわけではなかった。カサノヴァが36歳のときに出会った、17歳のレオニルダという女性は大変美しく、カサノヴァは一目見て「結婚したい」と思った。

　だが、挨拶するときに、相手の母親を見て驚いた。その母親は、カサノヴァがかつて関係を持った女性であり、レオニルダは何とカサノヴァの実の娘だったのだ。

　ありえないようなことが起こるのが、カサノヴァがカサノヴァたるゆえんだ。自由と女性を愛したその人生は、すがすがしいほどに常識外れだった。

女房はすっかり
愛嬌がなくなってしまった

――ゴーギャン（画家）

ウジェーヌ・アンリ・ポール・ゴーギャンは、フランス生まれの後期印象派の代表的な画家。絵画の平面性を強調する画面構成と、インパクトある色彩が、ゴーギャンの描く絵の特徴である。

だが、画家として生活していくことは容易なことではなく、株式仲買人やテントの販売などを行い、家族を養いながら、生活することを目指していた。それでもうまくいかず、妻の実家に依存する始末だった。

ゴーギャンは友人に次のような手紙を書いた。

「8カ月間、誰とも話をしていない。まったく一人きりで生活している。ぼくが金を稼がないからというので、家族はぼくのことを人でなしだと思っている」

その後に続けたのが、この言葉である。37歳になると、ゴーギャンは妻のもとを離れて、実質的な別居生活へ。妻からすれば「絶望的な、途方もない冒険みたいな生活」であり、とてもついていくことはできなかったのである。

だが、ゴーギャンの死後、妻は「父さんは強い人だった」と息子への手紙で書き、芸術家として生きた夫に理解を示している。

地獄だよ、たぶん

――リンカーン（米国大統領）

アメリカで最も偉大な大統領として名が挙げられることが多い、第16代大統領のエイブラハム・リンカーン。農家の丸太小屋に生まれるという貧しい環境から、大統領の地位まで上りつめた。

そんな逆境を跳ね返したリンカーンでもどうにもならなかったのが、妻のメアリーである。とにかく怒りっぽかったメアリーは、リンカーンが何をしても気に食わず、罵倒することもしばしばだった。ホウキを持った妻に追い回されるリンカーンを目撃した、という近所の人の証言もあれば、公衆の面前で妻に飲みかけのコーヒーを顔にぶちまけられたこともあったという。

結婚が決まったとき、リンカーンはあまりにも気が進まないため、半ば精神病のような状態に陥り、当日になって結婚式をすっぽかすという暴挙に出ている。

それから約2年後、再びメアリーとの結婚が決まったリンカーン。結婚式に出かけるときに知人に「どこに行くの？」と聞かれて答えた言葉がこれだ。

あまりにも気の毒だが、メアリーは「アメリカ大統領になる男と結婚する」とかねてから公言する野心的な女性だった。彼女の強烈な叱咤激励があったからこそ、リンカーンは大統領になれたという声もある。「ざんねん」すぎる結婚生活が、リンカーンを政治の世界へ没頭させたのかもしれない。

妻は毎日、子どもたちと一緒に死んでしまいたいと言っている

――マルクス（哲学者）

カール・マルクスは、著書『資本論』で資本主義を定義した、マルクス主義の創始者である。格差拡大や貧困化が社会問題化するなか、『資本論』は今でもなお名著として読み継がれ、後世に大きな影響を与えている。

世界の経済はどのように移り変わっていくのか――。そんな高度かつ大胆な予想を立てることはできたが、マルクス自身の経済観念はさっぱりで、金銭感覚がめちゃくちゃだった。

『共産党宣言』の後に亡命すると、いよいよ経済的に困窮し、衣服を売ってもまだ生活ができず、筆記用具すら買えない毎日に、家族も絶望していたようだ。43歳のときにマルクスが盟友エンゲルスに宛てた手紙の一節がこの言葉である。

だが、このマルクスの言葉をどこまで信じてよいかはわからない。エンゲルスの同情を引いては借金を繰り返すのが、マルクスの常套手段だからだ。

この約3年後にマルクスのもとには、遺産が転がり込んできて大金を手にするが、広い家に引っ越すなど、あっという間に使ってしまい、やはり苦しい生活に逆戻りしている。そしてエンゲルスに泣きつく、ということの繰り返し……。懲りないマルクス。だが、そんな等身大の経済観念が、大著を仕上げさせたのだろう。

子どもたちの
職業のことを考えると
いつも私は不安になります

――ダーウィン（自然科学者）

恋愛のゴールは結婚なのかもしれないが、家族としてはむしろそこからがスタートとなる。悩みの種は、恋愛から家族の問題へと移っていく。子どもはその代表的な心配事だといえるだろう。

チャールズ・ロバート・ダーウィンは「ダーウィンの進化論」で知られる、博物学者である。

イギリスの裕福な医師のもとに生まれたダーウィンは医学部を目指すが、手術の場面に立ち会うのが苦手で断念。親のすねをかじりながら、落第生として過ごした。海軍の測量船ビーグル号で世界一周をしてから、博物学者として精力的に研究を行うようになった。

だが、そんなふうにダーウィンが自由に研究できたのは、裕福な親の支援があったからこそ。ダーウィンは、自らお金を稼ぐ必要がなかったのだ。ダーウィンは妻の実家からも資金援助を受けていた。

なんとも過保護に育てられたものだが、ダーウィンもまた晩年は、子どもたちのことを心配していた。この言葉から、そんな親としてのダーウィンの心配がみてとれる。過保護は遺伝するのだろうか。

全く途方に暮れるばかりです

——バッハ（作曲家）

ヨハン・ゼバスティアン・バッハ（J・S・バッハ）は、バロック音楽最大の作曲家。ベートーヴェン、ブラームスと並んで「ドイツ三大B」とも呼ばれる。

J・S・バッハはオルガンに長けていたほか、ヴァイオリン、ヴィオラ、スピネット、クラヴィコード、チェンバロ、ヴィオラ・ポンポーサなど、あらゆる楽器を使いこなした。才能豊かな音楽家ゆえに、周囲に求める水準も高く、厳密すぎるチェックが原因で楽器製作師から反感を買うこともあった。

だが、そんな頑固なバッハにも弱点があった。それは息子たちのことだ。次男こそ、バッハ譲りの几帳面さを見せたが、長男と三男は破天荒そのもので、浪費癖が激しかった。三男についてバッハは、こんなふうに嘆いた。

「あちこちで借金を重ね、生活態度を少しも改めないばかりか、行方までくらまし、しかも今日にいたるまで居所の居の字さえ知らせてこない始末です」

そして、冒頭の言葉を続けている。バカ息子に苦しめられたバッハ。みっともないが、なんだか人間くさくて、身近に感じるのは筆者だけではないだろう。

いまは何もかも、
味気なく、むなしい

――ビスマルク（政治家）

人生の伴侶を失うことは、誰にとっても大きな悲しみであり、人生を一変させる。「鉄血宰相」の異名を持つ、ドイツ帝国初代首相のビスマルクにとっても、それは例外ではなかった。

闘病の末、妻が亡くなると、ビスマルクは彼女の死を深く悼んだ。

「今まではヨハンナがいてくれた。彼女としゃべったり、体の具合を日々尋ねたり、48年間にわたる感謝の念をくり返したりしていた」

だが、ビスマルクが落ち込んでいたのは、妻の死だけの影響ではなかった。約30年にもわたってドイツの首相を務めたビスマルクだったが、75歳のときに罷免されてしまう。高齢を考えれば無理もないが、ビスマルクは自分の影響力を保とうと、新聞社に働きかけるなど、生涯現役にこだわった。

82歳のときには、新聞社に政治的な秘密を暴露するが、やや話題にはなった程度で、満足するような反響は得られなかった。

その翌年に他界したビスマルクの言葉がこれだ。振り返る尊い日々があるならば、それだけで幸福の人生だったといえるのかもしれない。

自分の人生の舵を失った

——ダリ（画家）

スペインの画家で、シュルレアリスムの巨匠、サルバドール・ダリ。それまでになかった超現実的世界の絵を描き、天才の名をほしいままにした。

卓越した絵画テクニックを誇っただけではなく、常にメディアを意識し、対外的なアピールにも長けていた。テレビやCMをフル活用したダリは、商業的にも大成功を収めて億万長者となった。

ダリはどこに行くにもタクシーを使い、お釣りは全部チップとして渡していた。こんなふうにも語っていたという。

「30歳を超えて地下鉄を使う奴は敗者だ」

そんな強気なダリが、ある日を境に、メディアの前に姿を現さなくなる。それは最愛の妻、ガラの死である。ダリにとってガラは自分のすべてであった。

「人生の舵を失った」

そう言うと、ダリは創作意欲をなくしてしまい、友人もメディアも遠ざけ、独りで静かな日々を過ごすようになる。

フィゲラスのガラテアの塔で、ダリは85歳の生涯を閉じる。ダリが描いた女性は肉親をのぞけばガラだけだった。

4

ざんねんな名言集―病気・ストレス編―

苦しい、つらい、
息ができない、
だるい、死にたい

――カント（哲学者）

イマヌエル・カントは、ドイツ生まれの哲学者。『純粋理性批判』『実践理性批判』『判断力批判』の三批判書を発表し、批判哲学を提唱。46歳のときにケーニヒスベルク大学から哲学教授として招聘《しょうへい》され、72歳で引退するまで教鞭を執った。

そんないかにも堅い人物を想像させるカントだが、とにかく単調な生活を好んだ。朝は必ず5時に起床し、書斎で紅茶を2杯飲み、タバコを吸ってから、7時から9時までは講義、昼までは執筆。食事は午後1時からの昼食のみで、友人を招いて午後4時まで行い……と、事細かに行動を決めており、散歩の時間、ルートなども毎日同じだったという。

カントがここまでルーティンを大切にしたのは、自身に体調不安があったからだ。冒頭の言葉は、少年時代のカントの口癖である。常に体調は悪く、その気持ちを吐露していた。

だが、医師からのアドバイスによって、好きな学問に没頭することで体調不良を跳ね返すことを決意。この口癖も封印されることになった。

単調な生活の裏には、カントの自己管理への並々ならぬ意欲があった。行動を変えることで、人生は変わる。

救われるには、おさらばする以外にない

――ベートーヴェン（作曲家）

音楽家として最高の「楽聖《がくせい》」の称号が授けられたドイツの作曲家、ベートーヴェン。大バッハ、ブラームスとともにドイツ音楽における「三大B」の一人で、『悲愴』『月光』などのピアノソナタや、交響曲第5番『運命』の作曲者としても、知られている。

しかし、その人生は苦悩に満ちていた。20代後半から難聴の症状が始まった。あらゆる治療法を試してみても、聴力は低下するばかりで、48歳のときには、完全に聴力を失った。

コミュニケーションは会話帳を通じてなされたが、そこに「死んでしまいたい」と書くこともあったベートーヴェン。50歳のときにつづったのが、この悲観に満ちた言葉である。すでに名声の絶頂にあったが、耳が聴こえないことは、想像を絶する苦しみだったに違いない。

しかし、ベートーヴェンは自殺することなく、音楽活動を続けた。生涯独身だったベートーヴェンは、甥を溺愛しており、その甥のためにも大作を完成させようとしていたのだ。

「生きねば」と思う、ほんの一筋の希望があれば、どんな絶望からも人は這い上がってこられる。

毎晩、眠りにつくとき、二度と目が覚めなければいいのにと思う

——シューベルト（作曲家）

歌曲王――。

そう呼ばれた、ウィーンの作曲家、フランツ・シューベルトは、600曲以上の楽曲を作曲した。31歳の若さで亡くなったことを考えると、驚異的な作曲数である。18歳のときには、1年で約140曲も作曲し、その豊かな才能を周囲に知らしめた。

だが、26歳のとき、シューベルトは自分が性病に罹《かか》ったのではないかと思うと、人生に絶望して自暴自棄になっている。友人には、こんな手紙を送った。

「これ以上惨めで不幸な男がいるだろうか。毎晩、眠りにつくとき、二度と目が覚めなければいいのにと思う」

大げさに思うかもしれないが、性病は深刻な健康障害を引き起こした。また、シューベルトは小柄で首が短く、ずっと眼鏡をかけているような野暮ったさで、女性にモテなかった。決して、華やかとはいえない青春時代を送っていたのだ。

性病が原因と思われる頭痛にも悩まされ絶望しながらも、いや、絶望したからこそ、かもしれない。シューベルトは猛烈な勢いで作曲活動を行った。

どれだけ体調が悪かろうが、早朝から6~7時間は作曲に没頭。命を燃やすがごとく、毎日を大事に生きたからこそ、偉業を達成できたのである。

私の生活は不断の悪夢だ不吉な予感で息もつけない

――ナポレオン（政治家・軍人）

ナポレオンは、フランス革命で戦功をあげた、英雄的な軍人。コルシカ島の貧しい生まれから、皇帝の座にまで上りつめた。

国内軍司令官としてオーストリア軍に連勝するなどの活躍を見せると、その連戦連勝ぶりは、「12カ月に1ダースの勝利」「6日間で6戦連勝」などと絶賛を受けることになった。そして、イギリスを除く全ヨーロッパをほぼ制圧。若き英雄の名は広く世界に伝えられた。

だが、天才ナポレオンも、やはりプレッシャーとは無縁ではなかった。1796年のカスティリオーネの戦いでは、オーストリア軍を撃破したが、その2カ月前、妻のジョゼフィーヌに手紙で次のように心情を吐露している。

「私の生活は不断の悪夢だ。不吉な予感で息もつけない」

ナポレオンが連戦連勝する、まさにその最中での手紙である。頭を悩ませながらも、ナポレオンは難題から逃げずに立ち向かい、その結果、世界史に名を刻むフランスの英雄として、語り継がれることになった。

もし、あなたが不安ならば、それはまさに戦っている証拠なのだ。

歯が痛んで奈良漬も食えない

――伊《い》能《のう》忠《ただ》敬《たか》（測量家）

伊能忠敬《いのうただたか》は、日本中を測量するために歩いて回り、正確な日本地図を作った、江戸時代の商人、測量家である。

その偉業の内容もさることながら、計画に着手した年齢も驚くべきもので、50代も半ばを過ぎてからだった。忠敬は、74歳で亡くなるまでの17年で、4万キロを歩いたと言われている。およそ地球1周分の距離だ。

さぞ、丈夫な身体だったんだろう、と誤解されやすいが、忠敬はぜんそくの持病があり、発作に苦しめられることもしばしばあった。風邪を引いて、熱を出すことも多かったという。

旅の途中で、こんな症状を手紙で打ち明けたこともある。

「歯が痛んで奈良漬も食えない」

おそらく加齢から来ていると思われる。

本人が情けなさそうに書いているのが、気の毒である。無理しないほうが……とも言いたくなる。

それでも自分の仕事を成し遂げるために、忠敬は歩き、そして、測り続けた。ただ、「正確な日本地図を作る」という使命を果たすために。

酒は悪魔か仏か、毒か薬か

――種田山頭火《たねださんとうか》（俳人）

漂泊の俳人、種田山頭火《たねださんとうか》。自由律俳句を代表する俳人の一人で、季語や五・七・五という俳句のルールを無視して、「分け入っても分け入っても青い山」「まっすぐな道でさみしい」「どうしやうもないわたしが歩いてゐる」など自由奔放な俳句を詠んだ。

山頭火を語るうえで欠かせないのが、「旅」と「酒」である。実家の破産や父弟の死をきっかけに44歳で出家得度《しゅっけとくど》。各地を漂泊しながら、8万句以上の句を詠んだが、酒に溺れて失敗することもたびたびあった。

山頭火は、コップ酒で一気飲みをし、泥酔して昏倒《こんとう》するまでとことん飲むのが常だった。あるときは酔っ払って、走ってくる電車の前に飛び出し、大手を広げて仁王立ちしたこともあった。幸い電車が緊急停車し、事なきを得たが、これでは命がいくつあっても足りない。54歳のときには、泥酔したうえで無銭飲食してしまい、警察に身柄を確保されている。

「ああ酒、酒、酒ゆえに生きてもきたが、こんなものになった」

放浪も酒も止められない山頭火。このあとに続けたのが、この言葉である。自由を愛するダメ人間だからこそ、自由律俳句というスタイルで名作を残すことができた。

千年の後、万年の後、何をこの世にしるしとしてとどめることができるだろう

――樋口一葉《ひぐちいちよう》（作家）

明治時代の作家・樋口一葉《ひぐちいちよう》は、五千円札の肖像としても有名だが、自身はお金に苦労してばかりの人生だった。

父が59歳で肺結核によって病死。一葉は17歳にして戸主となり、一家の代表として、母と妹の3人で暮らすことになった。視力が悪く、針仕事ができない一葉は、稼ぐために、小説の世界へと飛び込んでいった。

小説だけでは生活できず、雑貨屋を開業するが、苦しい生活は変わらない。そんななか、一葉は次のように書いた。

「住んでいる家は追われようとしている。食べるものもとぼしいので、心が疲れて、筆は持っても、夢の中にいるようだ。どうなってしまうのだろう」

その後に続けた言葉の一節が、これである。このままこの世に何も残せぬまま、死を迎えるのではないかという絶望がひしひしと伝わってくる。

それでも小説を書くことを止めなかった一葉。雑貨屋での経験を生かした『たけくらべ』を書くと、森鷗外《もりおうがい》や幸田露伴《こうだろはん》などにも高く評価され、日本文学史に名を刻むことになった。

どんな状況でも、希望を捨てなければ、人生は変わる。

31歳にして、死以外に好ましいものは何も見当らない

――ナイチンゲール（看護師）

白衣の天使――。

看護師の職業は、しばしばそんな表現がなされるが、その発端となったのが、イギリスの看護師、ナイチンゲールである。

イギリスの貴族の令嬢だったナイチンゲールは、恵まれた家庭に育ったことに罪悪感を持ち、24歳で看護師を志望した。

だが、両親から猛反対を受け、「看護師」を恥ずべき言葉として、口に出すことすらも禁じられてしまった。それも無理はない。当時の病院は不衛生で、シーツの交換もなければ、壁にコケが生えていることも珍しくはなかった。

働く必要のない裕福なナイチンゲールがそんな悪環境で働くことは、両親にとっては、考えられないことだった。

両親から自分の夢を全否定されたナイチンゲール。絶望のなか、31歳のときに言ったのが、この言葉である。

だが、ナイチンゲールは諦めることなく、33歳で施設の看護婦監督に就任。クリミア戦争では負傷した兵士を敵味方の区別なく看護して、病院の衛生管理の指導・普及につとめた。

死にたいほどの逆境を味わったからこそ、飛躍することができた。

ここでは自殺が
まるでピクニックのように
ありふれたものに
なっています

――オー・ヘンリー（作家）

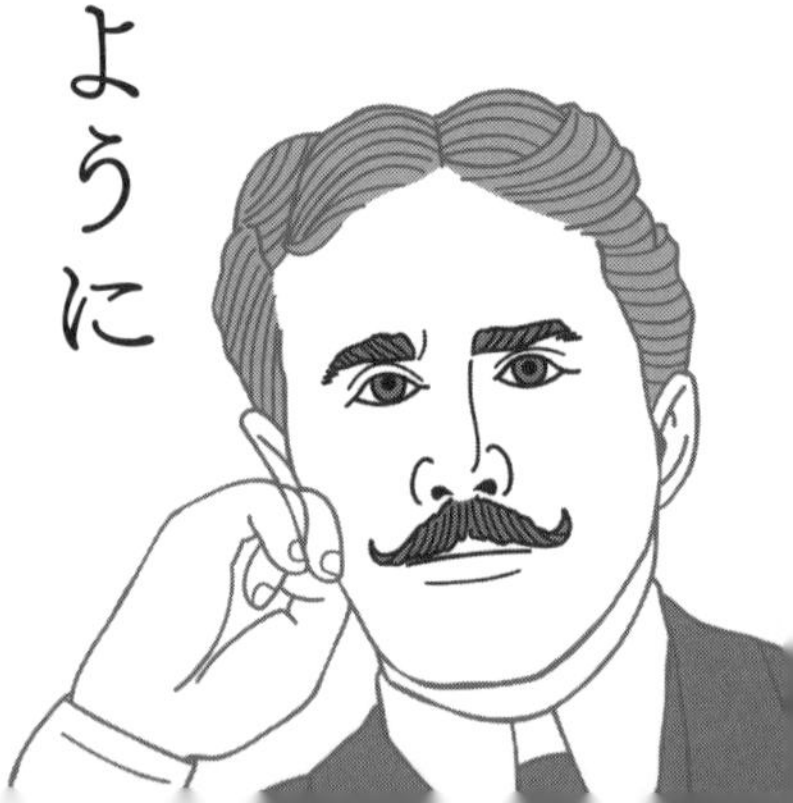

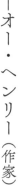

アメリカ生まれの作家、オー・ヘンリーは「短編の名手」と呼ばれ、生涯272編の短編作品を残した。

病室の患者が残った葉を自身の余命に重ねる『最後の一葉』や、貧しい夫婦が互いにクリスマスの贈り物をする『賢者の贈り物』など、教科書で読んだことがあるという読者も少なくないだろう。

しかし、ヘンリー自身、自分がそんな作家になるとは夢にも思わなかったに違いない。なにしろ20代は職を転々としたばかりか、銀行に勤めたときに会社の金に手をつけて捕まってしまったのだ。

懲役5年の判決が下されたヘンリー。牢獄で、毎日のように自殺者が出る様子を見て、35歳のときに言ったのがこの言葉である。

そんな状況のなか、ヘンリーの精神を保ったのが、小説の執筆だ。自分と同じように犯罪に手を染めてしまった人に取材しながら、ヘンリーは想像力をいかして、数々の小説を完成。出所後、作家として大きく羽ばたき、43歳のときには売れっ子作家となった。

どんな状況でも人生を投げないことの大切さをヘンリーの人生は教えてくれる。

こんな血のにじむ
ような苦労をして、
それでも当たらないなら、
鉄道自殺するか

――野《の》口《ぐち》英《ひで》世《よ》（細菌学者）

野口英世《のぐちひでよ》は、日本が誇る世界的な細菌学者。梅毒スピロヘータの純粋培養や黄熱病の病原体の特定に成功し、三度にわたってノーベル医学・生理学賞の候補に名が挙がった。千円札の肖像としてもお馴染みである。

20歳で医師免許を取得して、渡米。アメリカのロックフェラー医学研究所に勤めるなど、順風満帆の人生のように見えるかもしれないが、その道のりは決して平坦ではなかった。一度会っただけの歯科医の血脇守之助《ちわきもりのすけ》を頼って、無一文で上京するなど、自らの行動力で道を拓《ひら》いていく。

野口は、名誉への渇望を隠さず、成り上がることを明確に目指した。晩年、知人に次のように語った。

「私にとって研究は投機、または賭けの一種だ。一生懸命やっても、結果は当たるか外れるかわからない」

その後に続けたのが、この言葉である。

鉄道自殺とは穏やかではないが、それだけ自分の研究に打ち込んできたという自負があったのだろう。野口は、こんな言葉も残している。

「努力だ、勉強だ、それが天才だ。誰よりも3倍4倍5倍勉強する者、それが天才だ」

腹を切るまでもない
俺はとっくに死んでいる

――本多正信《ほんだまさのぶ》（武将）

大事業を成し遂げた偉人のなかには、優秀なパートナーが裏にいたというケースが少なくない。江戸幕府を開いた徳川家康にも、周囲から「一心同体」と言われるほどの参謀がいた。

徳川家康の家臣で、江戸幕府の老中を務めた本多正信《ほんだまさのぶ》である。

若いころはむしろ敵対関係にあり、本多は一向《いっこう》信徒の一揆を指揮し、家康に立ち向かったが失敗。一時期は、亡命を余儀なくされたが、周囲の働きかけで帰ることが許された。本多が家康に忠誠を誓ったのは、それ以後のことである。

常にともに行動した2人。家康が首を縦に振るか、横に振るかは、側にいる本多の表情を見れば分かったとまで言われている。本多が目をつぶっていればNO、目を開いていればYES――。まるで家康の分身のようだった。

そんな家康が死去したのは1616年、73歳のときのことだ。

周囲の武士から「あれだけのご信託を受けながら、なぜ殉死しないのだ？」となじられた本多が口にした一言がこれである。

まるで抜け殻のようになった本多。その言葉通り、家康が死んでから、後を追うように2カ月後に本多も他界した。

まさに生涯をともにしたベストパートナーだった。

わたしは
人生の真ん中にいながら
死に取り囲まれています
いつ死に神に捕まっても
おかしくない状態です

――ニーチェ（哲学者）

神は死んだ――。

代表作『ツァラトゥストラはかく語りき』でそんな衝撃的な警句を放ったのが、ドイツの哲学者、フリードリヒ・ヴィルヘルム・ニーチェである。

ニーチェは、キリスト教から新しい価値観への転換をはかり、ニヒリズムを提唱した。弱冠25歳でバーゼル大学の教授（古典文献学）に就任。順風満帆に見えたが、激しい頭痛に悩まされるなど体調を崩して、35歳のときに辞職せざるを得なくなった。そのときに友人へ手紙で、次のようにつづった。

「もうじき35歳になります。35歳という年齢は、1500年来〈人生の真ん中〉と言われてきました。ダンテも、『神曲《しんきょく》』の冒頭で、35歳のときに幻影を見て詩想を得たと述べています」

そして、続けたのがこの言葉である。さらにニーチェはこうも書いている。

「私は自分のことを老人と同じだと感じています。そう感じるのは、わたしが一生の仕事をやり終えてしまったからでもあります」

30代の折り返し地点で、人生の総括に入りそうだったニーチェだが、その後、執筆活動に専念。多くの著作を世に出すことになる。

病のような理不尽な運命もまた、人生の好機につながることがある。

おれは今こうやって
苦しんでいながら
辞世《じせい》を考えたよ

――夏目漱石《なつめそうせき》（作家）

『坊っちゃん』『こころ』など数々の名作を残した、明治の文豪・夏目漱石《なつめそうせき》。

英語教師だった漱石が、『吾輩は猫である』で文壇デビューをしたのは、38歳と意外と遅い。イギリス留学中からノイローゼに苦しみ、気分転換のために、周囲から勧められて、小説を書き始めたのである。

作家になることを決意した漱石は、大学教授になる道を捨てて、当時わずか130人ほどの朝日新聞に入社。入社の辞に、「近来の漱石は何か書かないと生きている気がしないのである」と書いたように、入社後、漱石は『三四郎』『それから』『行人』と次々と小説を執筆することになる。

だが、ある日、持病の胃潰瘍《いかいよう》が悪化して、執筆中に机に突っ伏してしまう。駆けつけた妻に言ったのが、この言葉である。

約2週間後、漱石は病死。49歳の若さでこの世を去った。小説を書けたのは、わずか10年ほど。その間に文学史に残る小説を数多く残したことになる。

死を察しての達観した言葉だが、充実した日々を送っていたからこそ、言える言葉なのかもしれない。

ほらね、こうやって人は死んでいくのよ

――シャネル（ファッションデザイナー）

シャネルの創業者であるココ・シャネルは１８８３年、フランス南西部で生まれた。母をすぐに亡くし、12歳で2人の姉妹とともに孤児院に預けられた。

寄宿学校を経て衣料品店の売り子として働いたのち、恋人のカペルの出資のもと、27歳のときにパリのカンボン通り21番地に「シャネル帽子店」を開業。高級ブランドに一代で育て上げた。ファッション革命を行った、シャネルの言葉がこれだ。

「わたしが創り出したものを全部知ることはできない。わたしは革命をした」

80歳になってもなお、背筋をピンと伸ばし、颯爽と町を歩いたシャネル。

ある日、作家のクロードに「明日は店に出ているわ」と言ったのちに、突然、体調が悪化。注射をして横たわると、不安そうな小間使いに「ほらね、こうやって人は死んでいくのよ」と言って、この世を去った。

働くことが生きがいだったシャネルは日曜日を嫌ったが、奇《く》しくも、亡くなったのは日曜日だった。87年間、走りっぱなしの人生に幕を下ろした。

死にとうない

――一休宗純《いっきゅうそうじゅん》（僧侶）

風狂《ふうきょう》の狂客《きょうかく》――。自らをそう号した禅僧、一休宗純《いっきゅうそうじゅん》。アニメ「一休さん」で知られているが、実際の一休は、愛らしいキャラクターからは程遠く、かなり破天荒な僧侶だった。

戒律に縛られない自由奔放な生き方を貫いた一休。あるときは、自分を訪ねてくる人に、こんなことを言っていた。

「私は魚屋か居酒屋か娼家に入り浸っているので、そこらへんを探してください」

どこも、仏教では禁じられている場所ばかりである。

そのほかにも、供養として地蔵の頭から小便をかけたり、元旦には墓場から持ってきたドクロを持って家々を回ったりなど、予想外の行動に出ては、周囲を驚かせた。

そんな自由人、一休も「死」から逃れることはできない。88歳で人生の幕を閉じようとしている、まさにそのとき、一休が何を言うのか。さぞ悟ったことを言うかと思いきや、ただ一言つぶやいたのが、この言葉である。

達観どころか、人生への未練をありのままに吐露している。これこそが、民衆に慕われた名僧・一休らしい最期といえるだろう。

5

ざんねんな名言集―人生観編―

人生は一箱のマッチに似ている
重大に扱うのは莫迦莫迦《ばかばか》しい
重大に扱わなければ危険である

――芥川龍之介《あくたがわりゅうのすけ》（作家）

芥川龍之介《あくたがわりゅうのすけ》は、大正時代に活躍した日本の文豪。学生のころから創作活動を行い、『鼻』が漱石に激賞されて、作家としての道を切り拓いた。『蜘蛛《くも》の糸』『歯車』『羅生門』などの傑作を残して、「短編の名手」と呼ばれている。

だが、35歳のときに芥川は自殺。その動機として、自ら残したのが、次の言葉である。

「僕の将来に対する唯ぼんやりした不安」

自殺のきっかけは一つとは限らないが、人妻との許されぬ関係に陥り、その発覚を恐れたのは、時期を考えても無関係ではないだろう。当時は「姦通罪《かんつうざい》」という罪状があり、人妻に手を出した場合、その夫は相手を告訴することができたのである。

ちょうど同じころ、作家の北原白秋《きたはらはくしゅう》が姦通罪に問われて没落していたこともあって、芥川としても気が気でなかったのだろう。芥川は不倫相手から逃げるように中国に行くが、帰国後、ひどい神経衰弱と不眠症、睡眠薬中毒に苦しめられている。

たった一つの行動でも人生は大きく変わる。芥川のこの言葉は、そんな人生の落とし穴を示唆しているように思う。

幸福というものは、
想像の中にだけ
あるものですから

――モーツァルト（作曲家）

オーストリア生まれの作曲家、モーツァルト。彼について多くの説明は不要だろう。ただ、一言、こういえば事足りるはずだ。音楽史上最高の天才作曲家である、と。

3歳にして絶対音感を持つことがわかったモーツァルトは、5歳でメヌエットを作曲し、8歳で交響曲を仕上げている。作曲数は700曲以上にもおよび、音楽家としてこれ以上ない人生のように思える。

だが、6歳から25歳までの間、1年の半分は旅というハードなスケジュールを送るなかで、故郷のザルツブルクに帰っている期間に大いなる不満を抱いていた。

「ザルツブルクは、ぼくの才能を生かせる場所ではありません」

劇場もオペラもなく、音楽に対する敬意も感じられない故郷にモーツァルトはいらだち、このクールな一言を発した。

しかし、皮肉なことに、故郷で鬱々《うつうつ》とした時代に、モーツァルトは、傑作とされる数多くの曲を創り上げている。できた曲だけでみれば、最も充実した年といえるくらいだ。

人生が面白いのは、不満があるときほど、後から見て成長しているということ。現状に満足したら、成長は止まる。

嫌だ！ 畜生！ 畜生！

――ボードレール（詩人）

芸術家は、どれだけ下積みがあろうと、生前に評価されれば、まだ報われているほうだといえるだろう。死後に作品を認められる芸術家も少なくないからだ。ゴッホや宮沢賢治、そして、パリが生んだ詩人、シャルル・ボードレールは、その典型例だろう。

ボードレールは、前衛的な作風で象徴主義の先駆者とされており、19世紀フランス文学を代表する詩人たちに大きな影響を与えたばかりか、その作品は、世界の詩人の心を震わせた。

だが、ボードレールは生きている間に、たった1冊の詩集しか出さなかった。しかも、その詩集『悪の華』は、評価されなかったどころか、公序良俗に反するとして摘発を受けて、罰金を払わされている。

放蕩《ほうとう》生活を送り、周囲から眉をひそめられたボードレールは、激しい眩暈《めまい》や嘔吐、息苦しさに終始悩まされるようになり、鎮痛剤なしで執筆することさえもままならなかった。

晩年、症状に悩まされながら、うめいた言葉がこれである。

人生を苦しみぬいた、ボードレール。

だが、そうでなければ、退廃の美を漂わせた詩を書くことは難しかっただろう。

私は暗い生活をしています

――宮沢賢治《みやざわけんじ》（作家）

日本を代表する童話作家として名を残した宮沢賢治《みやざわけんじ》。もともとは、農業に関心を持ち、盛岡高等農林学校に通っていた。首席で入学し、入学後は特待生として授業料を免除されるほど成績優秀だった。卒業後は就職することなく、研究生として地質調査を担当することになる。

だが、身体の不調により、退学を余儀なくされてしまうと、賢治は実家の質屋を手伝うことになった。どうしても実家の仕事が好きになれず、上京して宝石事業に乗り出すも、父に反対されて断念している。

ほかに仕事もなく、家業をするしかなくなった賢治。友人に宛ててこんな手紙を書いた。

「私は暗い生活をしています。うすくらがりのなかで遥かに青空をのぞみ、飛びたちもがき悲しんでいます」

大空に飛びたつこともできず、地を這うような暗い日々。このとき賢治は22歳だが、青年らしい輝きとは無縁の生活だったようだ。

だが、その後、家を飛び出して上京。農学校の教壇に立つかたわら、多くの詩や童話をつくり、退職後は青年たちへの農業指導に打ち込んだ。

後ろ向きにしかなれない日々もまた、明るい未来への布石となる。

何をする気もない

――石川啄木《いしかわたくぼく》（歌人）

石川啄木《いしかわたくぼく》は、明治を代表する浪漫派歌人・詩人。

第一歌集『一握《いちあく》の砂《すな》』は、1首3行書きの新形式で、日々の生活における感情を平易な表現で伝えて、後世にも大きな影響を与えた。

だが、会社員としてはかなりのダメ社員であり、23歳から東京の新聞社で働き始めるも、朝起きて、出社することすらもままならない。11時まで布団のなかで、次のように葛藤している。

「社に行こうか、行くまいかという、たった一つの問題をもてあました。行こうか？　行きたくない。行くまいか？　いや、いや、それでは悪い」

よく仮病を使って、会社を休んだ啄木。家主からの家賃の催促にも辟易し、先の見えない未来に不安を吐露したのが、次の言葉である。

「こういう生活をいつまで続けねばならぬか？　この考えはすぐに予の心を弱くした。何をする気もない」

「天才歌人」としてもてはやされるとは、誰も考えていなかったに違いない。

歌を作るだけではなく添削も行なった啄木は、24歳の独身女性と熱心に文通。恋心を募らせて身元を調べてみると、なんと男性だと判明したこともあった。

見事に騙された啄木だが、その人間くささが、愛されるゆえんなのだろう。

ざんねんな名言集―人生観編―

まるで樽に詰められた塩漬けニシンだ

――ドストエフスキー（作家）

ドストエフスキーはロシアを代表する作家で、トルストイとともに「近代ロシア文学の二大文豪」とも称される。その作品は、世界的な名作として現在でも新たな読者を獲得している。

早くから作家として名を馳せたドストエフスキーだが、27歳のときに運命が一転。危険思想を持つ人間として警察に逮捕され、刑務所に入れられてしまった。そのまま数年の月日が過ぎ、両足に5キロの鉄鎖をつけられながら、30歳の誕生日をシベリアの流刑地で迎えたドストエフスキー。どん底の状況のなか、兄に手紙でこう訴えている。

「夏は耐えがたいほど暑く、冬は耐えがたいほど寒い。板はことごとく腐っていて、床には汚物がべっとりと数センチも積もっている。雨漏りがひどく、いたるところからすきま風が入ってくる」

その後、続けたのが、この言葉である。

看守からは死刑になることも仄《ほの》めかされ、死の恐怖に怯えながらも、ドストエフスキーは4年にわたる獄中生活を生き抜き、32歳で出所。さらに4年の肉体労働に課せられたのち、ようやく自由の身となった。ドストエフスキーが『罪と罰』『カラマーゾフの兄弟』『白痴』『悪霊』といった名作を書くのは、その後のことである。

誓って申しあげます、が、獄につながれるようなことをした覚えはまったくありません

――コロンブス（探検家）

コロンブスは、イタリアのジェノヴァで生まれた探険家。

当時、インドを目指して、ポルトガルが東回り航路で次々と船を出したのに対して、コロンブスは西回りの航路を選択。出発から2カ月後の1492年10月、サン・サルバドル島に到着した。コロンブス自身はそこをインドだと考えていたが、実はアメリカ海域だった。これが、後に「新大陸の発見（到達）」と呼ばれることになる。

偉業を残したコロンブスだが、現地にいた先住民からすれば、コロンブスたちは侵略者そのもの。現在、アメリカでは、ニューヨークなどにあるコロンブス像をめぐり、撤去派と撤去反対派で激しく議論が繰り広げられるほど、その評価は分かれている。

実際に、第三次航海では、コロンブスたちとハイチの総督との間で、黄金をめぐって紛争になり、コロンブスは捕らえられてしまう。そのときに女官に宛てた手紙で書かれた弁明が、この言葉である。結局、コロンブスは鎖につながれたまま、スペインに送還された。

このとき、コロンブスは48歳。いい大人になって、情けない姿を晒すのは何とも「ざんねん」ではあるが、そのチャレンジ精神は見習いたいものだ。

ざんねんな名言集―人生観編―

20年間の失敗をぬぐい去るには、もう遅すぎる

――マネ（画家）

19世紀フランスの画家、エドゥアール・マネは、印象派の中心的存在として、数多くの名作を生み出し続けた。

だが、「印象派の父」と呼ばれたマネの作品は、いつも物議をかもし、批判の対象となった。

「殴り書き」「排泄物のように汚い」「犯罪的スキャンダル」――。容赦ないバッシングがメディアで吹き荒れたばかりか、代表作である『草上の昼食』は、王立アカデミー主催によるサロン（展覧会）で「猥褻《わいせつ》」とされ、落選している。裸婦が、服を着た男性と一緒にいることが、当時のパリの人々の眉をひそめさせたのだ。

エリート一家に生まれながら、画家の道を選んだマネ。サロンで活躍する姿を父に見せたかったが、入選と落選を繰り返す、不安定な日々を送った。

だが、１８８１年、マネは念願のサロン無審査の資格を獲得。さらに、レジオン・ドヌール勲章も授与された。そのとき49歳のマネが言った言葉がこれである。

マネは、深刻な脊髄の病に苦しんでおり、その2年後に、51歳の若さで他界。思い通りの画家人生ではなかったが、その爪跡はしっかりと残すことになった。

賞にこだわって
裏の赤いコオトひとつ
よう買えなかった

――川端康成《かわばたやすなり》（作家）

作家の川端康成《かわばたやすなり》は『伊豆の踊子』『雪国』など、日本の美を特異な才筆でとらえ、新感覚派の代表として文壇で名を馳せた。

1968年、日本人で初めてノーベル文学賞を受賞。69歳にしての快挙だったが、川端にとってはよいことばかりではなかった。

川端はノーベル賞受賞後に、銀座で赤いコートを買おうとした。しかし、「派手すぎる」と同行の妻に止められてしまう。浪費癖が激しかった川端は、いつもならば、そんな制止も無視して買うが、このときは買うことができなかった。ノーベル賞で頭がおかしくなったと思われるのを恐れたからだ。

後に川端はこのことを「賞にこだわって、裏の赤いコオトひとつよう買えなかった」と、ひどく後悔したという。そして、受賞の4年後、川端は逗子《ずし》のマンションの仕事部屋でガス自殺を遂げる。

川端はこうも言っていた。

「ノーベル賞は死ぬ前年にもらいたかった」

あまりにも大きな偉業を達成してしまうと、人生を楽しむのは難しくなるのかもしれない。

大衆の喝采が私に
何をしてくれると
いうのか

――リスト（作曲家）

「歴史上最高のピアニスト」「ピアノの魔術師」「天才ピアニスト」……。

ハンガリー生まれのフランツ・リストは、演奏家としてだけではなく、常人には演奏不可能なレベルのピアノ曲を数多く作ったことでも知られている。有名なリスト作品の一つである、「超絶技巧練習曲」は、演奏不可能という声が上がるくらいだ。

西洋音楽史上、初めてとなる独奏会を開いたのもリストだといわれている。

リストは、演奏活動を通じて、ピアノ演奏会のスタイルを確立。3日に1度の頻度で、8年にわたって演奏会を開催した。その演奏はもちろん、美男子だったリストを一目見たいと観客が押し寄せた。

まさに、リストの黄金期とされる時期だが、リストは、愛人のマリー・ダグー夫人への手紙でこうつづった。

「私はなぜここにおり、そして何をしようというのか。大衆の喝采が私に何をしてくれるというのか。空虚で他愛のない祝福について自問している」

演奏を観て失神する女性ファンがいるほど人気があったリストもまた、人知れず苦悩を抱えていた。

人生には
不愉快な事柄が多い
だからこれ以上、
不愉快なものを作る必要はない

――ルノワール（画家）

フランス最高の画家――。

そう称されて、1900年にはレジオン・ドヌール勲章も贈られたのが、印象派を代表する画家、ピエール＝オーギュスト・ルノワールである。

愛する妻と子どもに囲まれ、まさに順風満帆で幸せな生活だったが、病がルノワールを苦しめることになる。重度のリウマチを患ってしまったのだ。

腕の骨折をきっかけに病状は悪化していき、やがて杖なしでは歩行不可能になった。さらに、全身の関節には激しい痛みが襲いかかり、死ぬまで20年にもわたって、闘病生活を送ることになった。

さらに不幸は続き、第一次世界大戦で息子が負傷。そのうえ、看護疲れで妻も他界してしまう。

あまりにも残酷な運命の仕打ちを受けながら、人物を描くことを得意としたルノワールは、情緒的な人物画を数多く残した。

あるとき「なぜ女性や家族ばかり描くのか？」と聞かれて、ルノワールが答えたのが、この言葉である。ままならない人生だからこそ、平和な世界を描き続け、78歳でその人生の幕を下ろした。

人生とは孤独そのものだ

――ヘッセ（作家）

ヘルマン・ヘッセは、ドイツの詩人・小説家。1906年、29歳のときに発表した『車輪の下』は、世界中で読み継がれる名作として知られている。

だが、両親にとっては、この息子のことが心配で仕方がなかったに違いない。両親が聖職者だったため、神学校に入学させるが、ヘッセは規律の厳しさに音を上げて、着の身着のまま学校から逃亡。23時間にもわたって姿をくらましたが、警官に発見されて連れ戻されている。その後の学校生活でも、孤立してうまくいかず、ノイローゼに苦しめられた。

「みんな、そんな私を何とか立ち直らせようと八方手をつくしてくれたのですが、すべてうまくいかず、4年あまり、失意の日々が続きました」

学校を辞めて、書店の見習い店員になっても3日と続かない。機械工の見習いもやったが、やはりうまくいかなかった。そんななか、22歳で詩集を出版すると執筆活動へと身を投じた。

なかなか居場所を見つけられなかったヘッセが放ったのが、この名言である。誰にも理解されず、苦しむ青春時代を送ったヘッセのことを思えば、実感のこもった嘘偽りない本音だろう。

1946年には、ノーベル文学賞も受賞したヘッセ。孤独が創作の源となった。

もう筏《いかだ》にのって
海外にでもいこうか

――孔子《こうし》（思想家）

孔子《こうし》は、中国の春秋戦国時代に生きた思想家。イエス・キリスト、釈迦と並んで、「世界三大聖人」の一人とされている。

紀元前552年ごろ、魯国《ろこく》に生まれた孔子は、役人として頭角を現すも、政争に巻き込まれて失脚。亡命を余儀なくされたため、諸国を遍歴し、諸侯に徳の道を説いて回った。

孔子といえば『論語』だろう。孔子の死後、弟子とのやりとりが『論語』としてまとめられた。『論語』は、『孟子《もうし》』『大学』『中庸《ちゅうよう》』とあわせて儒教の「四書」の一つとして、時代を越えて読み継がれている。孔子が弟子に語った『論語』に出てくる言葉としては、「少年老い易く学成り難し」が有名だが、こんな泣き言もある。

「天下は秩序乱れて私の理想に程遠い、もう筏《いかだ》にのって海外にでもいこうか」

実社会は、自分が目指したものとは程遠い。もうこうなったら、筏で海外に行きたい――。そんな逃避を夢想するほど、気力の限界だったのだろう。

それでも、孔子は、正しい政治の高い理想を説き続け、孟子や荀子《じゅんし》などの後継者を生み出した。「聖人」と言われた孔子にも逃げたいときがあったと思うと、気持ちもすっと楽になる。

あとがき

「名言集」といえば、明るくて元気が出る本だと相場は決まっている。現に筆者もそうした名言集を数多く執筆してきた。

それはそれで、もちろん意味深いことだ。これからも、人生の風景を一変させるような希望に満ちた名言を集めていきたいと思っている。

だが、誰にだって、前向きになれないときがある。

落ち込むときがある。

すべて投げ出したくなるときがある。

言っても仕方がないけれど、誰かに愚痴を聞いてほしいことがある。

大変だね、と言ってもらいたいときがある。

そして……何もかもやり直したいと思うこともある。

少なくとも、本書に出てくる偉人たちには、そんなときがあった。

長い間、トンネルを抜けられなかった人もいれば、比較的短い期間で立ち直った人もいるかもしれないが、自分にとって「長いトンネル」はどんな人にでもあるだろう。

「そこさえ抜ければ」とは思うが、抜けられるのかどうかは、渦中の人にはわかりようもない。「ずっとこのままかも」と思ってしまうのが、人間というものだろう。

もし、従来の名言集で立ち直れそうならば、それに越したことはないが、本当に深い絶望にいるときは、前向きな言葉は、むしろ自分を追い込むことにもなりかねない。だからこそ、本書のようなネガティブな名言集を通じて、悩んでいるのは自分だけではないと知ってほしい。

どの国のどの時代にでも、人々は悩み苦悩して、日々を生きた。ネガティブな言葉を味わいながら、偉人が残した業績を知れば、再び立ち上がる励みになるはずだ。

執筆にあたって、彩図社の名畑諒平氏には、大変お世話になった。名畑氏はネガティブな言葉を吐く偉人たちの背景に光を与えるような、アドバイスをいくつもしてくれた。彼がいなければ、ただ暗いだけの名言集になってしまったかもしれない。そう、暗さのなかから、偉人たちは確かに立ち上がったのである。

本書の締めくくりに、作家の五木寛之氏の言葉で、筆者が好きなものを紹介したい。

「本物のプラス思考は、究極のマイナス思考から」

うまくいかないことのほうが多い人生を生きるために、本書が少しでも、あなたの力になれれば幸いである。

2021年4月　真山知幸

【参考文献】

『小林一茶 時代を詠んだ俳諧師』（青木美智男著 岩波書店）
『アンデルセンの生涯』（山室静著 新潮社）
『モーツァルト 大音楽家 人と作品3』（海老沢敏著 音楽之友社）
『モーツァルト 天才の秘密』（中野雄著 文藝春秋）
『ギャンブラー・モーツァルト 「遊びの世紀」に生きた天才』（ギュンター・バウアー著 吉田耕太郎・小石かつら訳 春秋社）
『裸のアインシュタイン―女も宇宙も愛しぬいた男の大爆発』（ロジャー・ハイフィールド ポール・カーター共著 古賀弥生訳 徳間書店）
『乱歩打明け話』（江戸川乱歩著 新保博久・山前譲編 河出書房新社）
『チャップリン自伝 若き日々』（チャールズ・チャップリン著 中野好夫訳 新潮社）
『高杉晋作史料 全3巻』（一坂太郎編 田村哲夫校訂 マツノ書店）
『高杉晋作の手紙』（一坂太郎著 講談社）
『トルストイの生涯』（ロマン・ロラン著 蛯原徳夫訳 岩波書店）
『日本古典文学大系55 風来山人集』（岩波書店）
『平賀源内の生涯』（平野威馬雄著 サンポウジャーナル）
『源内万華鏡』（清水義範著 講談社）
『大西郷全集（全3巻）』（西郷隆盛著 大西郷全集刊行会編 大西郷全集刊行会）
『西郷隆盛 命もいらず 名もいらず』（北康利著 ワック）
『紫式部日記 全訳注』（宮崎荘平著 講談社）
『快人エジソン』（浜田和幸著 日本経済新聞出版）
『エジソン発明会社の没落』（アンドレ・ミラード著 橋本毅彦訳 朝日新聞社）
『ゴッホの手紙 上 ベルナール宛』（ヴァン・ゴッホ著 エミル・ベルナール編 硲伊之助 訳 岩波書店）
『書いた、恋した、生きた ヘミングウェイ伝』（佐伯彰一著 研究社出版）
『二宮金次郎正伝』（二宮康裕著 モラロジー研究所）
『二宮尊徳』（大藤修著 日本歴史学会編 吉川弘文館）
『完訳 ファーブル昆虫記』（ジャン=アンリ・ファーブル著 奥本大三郎訳 集英社）
『ファーブルの生涯』（G・V・ルグロ著 平野威馬雄訳 筑摩書房）
『博物学の巨人 アンリ・ファーブル』（奥本大三郎著 集英社）
『ミケランジェロの生涯』（ロマン・ロラン著 高田博厚訳 岩波書店）
『ローマ人の物語』（塩野七生著 新潮社）
『徳川慶喜公伝』（渋沢栄一著 竜門社）
『文明史のなかの明治憲法』（瀧井一博著 講談社）
『マーク・トウェイン自伝』（マーク・トウェイン著 勝浦吉雄訳 筑摩書房）
『中原中也』（青木健著 河出書房新社）
『中原中也の詩と生涯』（村上護著 講談社）
『アルフレッド・ノーベル伝―ゾフィーへの218通の手紙から』（ケンネ・ファント著 服部まこと訳 新評論）
『カサノヴァ回想録』（ジル・ペロー編 社会思想社）
『カール・マルクスの生涯』（フランシス・ウィーン著 田口俊樹訳 朝日新聞社）
『カール・マルクス その秘められた生涯と伝説（上・下）』（L・シュヴァルツキルト著 庄野満雄訳 生活社）
『ダーウィンの生涯』（八杉竜一著 岩波書店）

『チャールズ・ダーウィンの生涯　進化論を生んだジェントルマンの社会』（松永俊男著　朝日新聞出版）
『J・S・バッハ』（礒山雅著　講談社）
『ビスマルク』（加納邦光著　清水書院）
『ビスマルク』（ジョナサン・スタインバーグ著　小原淳訳　白水社）
映像資料「SALVADOR DARI　世界が愛した芸術家ダリの超現実的な人生」（ナウオンメディア）
『ナポレオン言行録』（オクターヴ・オブリ編　大塚幸男訳　岩波書店）
『漂白の俳人　種田山頭火』（金子兜太著　講談社）
『樋口一葉』（増田みず子著　新典社）
『ナイティンゲール伝　他一篇』（リットン・ストレイチー著　橋口稔訳　岩波書店）
『「最後の一葉」はこうして生まれた―O・ヘンリーの知られざる生涯』（斉藤昇著　角川学芸出版）
『野口英世』（中山茂著　岩波書店）
『ガンとたたかう八十年　杉浦兼松』（鵜殿新著　癌と化学療法社）
『漱石の思い出』（夏目鏡子述　松岡譲筆録　文藝春秋）
『ココ・シャネルの秘密』（マルセル・ヘードリッヒ著　山中啓子訳　早川書房）
『一休　風狂の精神』（西田正好著　講談社）
『ボードレール伝』（アンリ・トロワイヤ著　沓掛良彦訳　中島淑恵訳　水声社）
『ボードレールの生涯　ある魂の物語』（フランソワ・ポルシェ著　小島俊明訳　二見書房）
『宮澤賢治　あるサラリーマンの生と死』（佐藤竜一著　集英社）
『啄木・ローマ字日記』（石川啄木著　桑原武夫編訳　岩波書店）
『作家の自伝15　川端康成』（川端康成著　羽鳥徹哉編　日本図書センター）
『リスト（作曲家・人と作品シリーズ）』（福田弥著　音楽之友社）
『論語』（金谷治訳注　岩波書店）
『年代別エピソードで描く　天才たちの私生活』（ゲルハルト・プラウゼ著　畔上司訳　赤根洋子訳　文藝春秋）
『天才の通信簿』（ゲルハルト・プラウゼ著　丸山匠訳　加藤慶二訳　講談社）
『結婚しなかった男たち　世界独身者列伝』（北嶋廣敏著　太陽企画出版）
『天才はなぜ生まれるか』（正高信男著　筑摩書房）
『孤高のことば』（萱野稔人監修　東京書籍）
『戦国武将の大誤解』（丸茂潤吉著　彩図社）
『トンデモ偉人伝　天才編』（山口智司著　彩図社）
『トンデモ偉人伝　作家編』（山口智司著　彩図社）
『名言の正体』（山口智司著　学研）
『君の歳にあの偉人は何を語ったか』（真山知幸著　星海社）
『偉人たちの意外な「泣き言」』（造事務所著　PHP研究所）
『教科書には載っていない！　幕末志士の大誤解』（夏池優一著　彩図社）
『教科書には載っていない　明治維新の大誤解』（夏池優一著　彩図社）
『「あのひとこと」知ってるつもり?!　ことばのアンソロジー』（日本テレビ知ってるつもり?!　日本テレビ放送網）
『大人のための偉人伝』（木原武一著　新潮社）
『日本史に刻まれた最期の言葉』（童門冬二著　祥伝社）
『知的巨人たちの晩年―生き方を学ぶ』（稲永和豊著　講談社）

著者略歴

真山知幸（まやま・ともゆき）

1979年、兵庫県生まれ。2002年、同志社大学法学部法律学科卒業。上京後、業界誌出版社の編集長を経て、2020年より独立。偉人や歴史、名言などをテーマに執筆活動を行う。『ざんねんな偉人伝』『ざんねんな歴史人物』（学研プラス）は計20万部を突破しベストセラーとなった。そのほか、『企業として見た戦国大名』（彩図社）、『ざんねんな三国志』（一迅社）など著作40冊以上。名古屋外国語大学現代国際学特殊講義（現・グローバルキャリア講義）、宮崎大学公開講座などでの講師活動やメディア出演も行う。最新刊は『偉人名言迷言事典』（笠間書院）。

Twitter：@mayama3

カバー・本文イラスト：宮崎絵美子

ざんねんな名言集

2021年6月10日　第1刷

著　者　真山知幸

発行人　山田有司

発行所　株式会社彩図社
東京都豊島区南大塚3-24-4
MTビル　〒170-0005
TEL：03-5985-8213　FAX：03-5985-8224

印刷所　新灯印刷株式会社

URL：https://www.saiz.co.jp
Twitter：https://twitter.com/saiz_sha

ISBN978-4-8013-0526-7 C0195

本書は、2018年8月に小社より刊行された『ざんねんな名言集』を修正の上、文庫化したものです。